Handmade

YELLOW HOUSE
PUBLISHERS

TECTUM
PUBLISHERS

"Books may well be the only true magic."

Alice Hoffmann

TECTUM

Tectum Publishers of Style

©2009   Tectum Publishers NV
Godefriduskaai 22
2000 Antwerp
Belgium
+32 3 226 66 73
www.tectum.be

ISBN: 978-907976-10-98

WD: 2009/9021/13 (75)

This book has been realized in co-operation with:

Yellow House Publishers BV
Lireweg 102
2153 PH Nieuw Vennep
Netherlands
+31 252 688110
www.watch-magazine.nl

Editor: Gerben Bijpost

All facts in this book have been researched with utmost precision. However, the makers of this book cannot be held responsible for any inaccuracies which may or may not have been the consequence of wrong translations, nor for subsequent loss or damage arising.

Printed in Korea

HANDMADE

The Timeless Character of Classic Craftsmanship

Gerben Bijpost grew up - only just - in the pre-computer era. After his studies in journalism, graduating using an old-fashioned type writer, he combined several journalistic activities with mainly traveling and sport. As automation started to spread across the world, consumers consumed at an increasingly rapid pace and producers produced en masse, his appreciation of traditional crafts grew. His quest into the timeless flair of classic handiwork lead him to several of the most charming businesses in the world that work according to traditional methods, resulting in this exclusive compilation HANDMADE.
Gerben Bijpost is general editor and co-publisher of the international style magazine WATCH (www.watch-magazine.nl) that specifically focusses on the value of Design, Heritage and Handicraft.

Gerben Bijpost a grandi -tout juste- avant la période précédant l'ère des ordinateurs. Après des études de journalisme, bouclées sur une machine à écrire à l'ancienne, il a combiné diverses activités de journalisme, surtout dans les domaines du sport et des voyages.
Au fur et à mesure que l'informatisation prenait de l'essor dans le monde, que les consommateurs consommaient de plus en plus en vite et que les fabricants produisaient de plus en plus en masse, son respect envers l'artisanat classique s'est accrue. Sa quête du chic éternel de l'artisanat traditionnel l'a emmené sur les traces d'un certain nombre des plus belles entreprises artisanales sur terre, avec pour résultat cette compilation du nom de HANDMADE.
Gerben Bijpost est rédacteur en chef et co-éditeur du magazine de style international WATCH (www.watch-magazine.nl), qui met l'accent sur la valeur ajoutée du Design, de l'Héritage et de l'Artisanat.

Gerben Bijpost groeide -nog net- op in het pre-computer tijdperk.
Na een studie journalistiek, afgerond op een ouderwetse typemachine, combineerde hij diverse journalistieke activiteiten vooral met reizen en sport. Naarmate de automatisering wereldwijd een vlucht nam, consumenten steeds sneller gingen consumeren en producenten steeds massaler produceren, groeide zijn waardering voor het klassieke ambacht. Zijn queeste naar de tijdloze klasse van het aloude handwerk bracht hem op het spoor van een aantal van de mooiste ambachtelijke bedrijven op aarde, resulterend in deze bijzondere compilatie genaamd HANDMADE.
Gerben Bijpost is hoofdredacteur en mede-uitgever van het internationale stijlmagazine WATCH (www.watch-magazine.nl), dat zich met nadruk focust op de meerwaardes Design, Erfgoed en Ambacht.

Preface

The incomparable class of HANDMADE

If you are looking for something special, something that truly stands out and will still be held in great admiration in years to come, there is no way around it: HANDMADE.

Handmade does not only signify that skilled craftsmen created the most beautiful and top quality products with great passion and dedication; it also suggests that every product is entirely unique. As unique as the people who manufacture the product, and the connoisseurs who buy, admire and enjoy it.

HANDMADE is an impression of time, created during the manufacturing process and matured through its use. This places handmade products in a different league, incomparable in quality and absolutely superior in character.

Gerben Bijpost

Préface

La classe incomparable de HANDMADE

Pour celui qui est à la recherche de quelque chose d'exceptionnel, quelque chose qui sort de l'ordinaire et que l'on va pouvoir admirer encore et encore, voilà l'incontournable : HANDMADE.

Fait à la main ne signifie pas seulement que des artisans qualifiés se sont investis avec passion et ardeur pour réaliser un produit final le plus beau et le plus parfait qui soit, cela signifie aussi que chaque produit est vraiment unique. Aussi unique que les gens qui l'ont fabriqué et que les amateurs qui l'ont acheté, admiré et qui en profitent.

HANDMADE est comme une empreinte du temps, apparue pendant le processus de fabrication, mais s'épanouissant à l'usage. Avec comme résultat des produits faits à la main vraiment extraordinaires, incomparables quant à la qualité et absolument supérieurs en terme de rayonnement.

Gerben Bijpost

Voorwoord

De onvergelijkbare klasse van HANDMADE

Wie op zoek is naar iets bijzonders, iets dat er echt uit springt en ook over vele jaren nog op bewondering mag rekenen, kan er niet omheen: HANDMADE.
Handgemaakt betekent niet alleen dat bekwame ambachtsmensen zich met passie en toewijding hebben ingezet om tot een zo mooi en goed mogelijk eindproduct te komen, het betekent ook dat ieder product volstrekt uniek is. Even uniek als de mensen die het maakten en de connaisseurs die het kopen, bewonderen en ervan genieten.

HANDMADE is als een vingerafdruk van de tijd, ontstaan tijdens het maakproces, maar rijpend door gebruik. Dit maakt handgemaakte producten tot een klasse apart, onvergelijkbaar als het gaat om kwaliteit en absoluut superieur qua uitstraling.

Gerben Bijpost

Handmade

SHIBATA

The Imperial Bowmaker

For hundreds of years, Japan's culture has been symbolised by the elegance of Kyudo, Japanese archery. The famous bows have been manufactured for twenty generations by Shibata, the Imperial Bowmaker.

It is said that the more you know about 'Kyu-do', the Way of the Bow, the less you are able to say about it. If you ask a novice what Kyudo is, you may expect a detailed explanation about the technical and psychological aspects. When the same question is asked to a sensei, or master, he probably will say he does not know. What we know for a fact is that Kyudo is one of the oldest Japanese martial arts, strongly linked to the chivalrous code of honour Bushido, or the Way of the Warrior. With its silent, nearly religious elegance and poise, Kyudo has many similarities with other typical Japanese cultural phenomena such as the tea ceremony (chado), calligraphy (shodo) and martial art of sword-fighting (iaido).

Le Fabricant Impérial d'Arcs

Il y a déjà une centaine d'années que l'élégance du tir à l'arc japonais, kyudo, est le symbole ultime de la culture du pays en général. Les arcs illustres sont fabriqués depuis déjà vingt générations par Shibata, le fabricant impérial d'arcs.

Plus on croit en savoir sur 'Kyu-do', ou Le Chemin de l'Arc, moins on en sait. Lorsque l'on demande à un débutant ce qu'est le kyudo, on peut s'attendre à une explication détaillée tant sur les aspects techniques que psychologiques. Mais lorsque l'on pose la même question à un sensei, ou encore un maître, il vous répondra probablement qu'il ne sait pas. Ce que nous pouvons formellement affirmer, c'est qu'il est l'un des plus anciens arts martiaux japonais, fortement associé au code de l'honneur chevaleresque bushido, ou le Chemin du Guerrier. Avec son élégance silencieuse voire presque religieuse et sa dignité, le kyudo affiche en plus beaucoup de similarités avec d'autres manifestations culturelles typiquement japonaises comme la cérémonie du thé (chado), la calligraphie (shodo) et l'art martial à l'épée (iaido).

De Keizerlijke Bogenmaker

Al honderden jaren vormt de elegantie van het Japanse boogschieten, kyudo, een ultiem symbool voor 's lands cultuur in het algemeen. De beroemdste bogen worden al twintig generaties lang vervaardigd door Shibata, de keizerlijke bogenbouwer.

Men zegt dat hoe meer er bekend is over 'kyu-do', de Weg van de Boog, hoe minder er over te zeggen valt. Als men een beginneling vraagt wat kyudo is, kan men een gedetailleerde uitleg verwachten over de technische dan wel de psychische aspecten. Maar zodra men dezelfde vraag aan een sensei, ofwel meester, voorlegt, zegt hij waarschijnlijk dat hij het niet weet. Wat we met zekerheid kunnen zeggen is dat het een van de oudste Japanse gevechtskunsten is, sterk verbonden met de ridderlijke erecode bushido, ofwel de Weg van de Krijger. Met zijn stille, haast religieuze elegantie en waardigheid vertoont kyudo bovendien veel overeenkomsten met andere typische Japanse cultuurverschijnselen zoals de theeceremonie (chado), kalligrafie (shodo) en zwaardvechtkunst (iaido).

Early history

In the past, the bow was used as a weapon for hunting and warfare, for ritual and religious ceremonies and for skills practice. Since most of the practical value has been lost, the bow has matured to form a technique for physical, moral and spiritual development, a form of 'zen in action'.
Kyudo finds its origin in myths and legends. The original hunter-gatherer of the Japanese islands, the Jomon, used a simple bow for hunting and possible warfare. During the classical era (330 - 1192), the country was strongly influenced by ideas coming from China, such as the belief that archery was a sign of civilisation.
In China, the art died; in Japan, it continued to flourish. The controversies about the true meaning of Kyudo continued unabated after the Second World War. For some teachers, this was an incentive to travel abroad and look for Western pupils who were open to their ideas.

L'histoire ancienne

A l'époque, l'arc était utilisé pour la chasse, la guerre, les tournois, les rituels, les cérémonies religieuses et les épreuves d'habileté. Mais depuis qu'une grande partie de la valeur pratique a disparu, cela s'est principalement développé en une technique de développement physique, moral et spirituel, une certaine forme de 'zen debout'. Le kyudo trouve son origine dans les mythes et les légendes. A l'origine, le chasseur-cueilleur des îles japonaises, le Jomon, utilisait un arc simple pour la chasse et probablement aussi pour faire la guerre.
A l'ère classique (330-1192 ap. J.C.) le pays était très influencé par des idées venant de Chine, comme le fait que l'habileté à l'arc était un signe de civilisation. Cet art a cessé d'exister en Chine alors qu'il a continué de prospérer au Japon. Les controverses sur ce que signifie véritablement le kyudo ont perduré après la deuxième guerre mondiale. Pour certains professeurs, ceci a été une incitation à partir à l'étranger et chercher des élèves occidentaux ouverts à leurs idées.

De vroege Historie

In het verleden werd de boog gebruikt voor de jacht, oorlog, toernooien, rituelen, religieuze ceremoniën en vaardigheidsproeven. Maar sinds de praktische waarde ervan grotendeels verloren is gegaan, heeft het zich vooral ontwikkeld tot een techniek voor lichamelijke, morele en spirituele ontwikkeling, een soort vorm van 'staande zen'.
De oorsprong van kyudo is in mythen en legenden gehuld. De oorspronkelijke jager-verzamelaars van de Japanse eilanden, de Jomon, gebruikten een eenvoudige boog voor de jacht en waarschijnlijk ook voor oorlogsvoering. In het klassieke tijdperk (330-1192 n.C.) werd het land sterk beïnvloed door ideeën uit China, zoals de overtuiging dat vaardigheid in boogschieten een kenmerk van beschaving was. In China stierf de kunst lang geleden uit, maar in Japan bleef ze bloeien. Controverses over wat het 'echte' kyudo is, hielden na de Tweede Wereldoorlog onverminderd aan. Voor sommige leraren was dit een reden om in het buitenland op zoek te gaan naar westerse pupillen die openstonden voor hun ideeën.

Bows for the Emperor

One of those was Onyumishi Kanjuro Shibata XX, a master bowmaker and Kyudo teacher of the 20th generation. Born in Kyoto, in 1921, he embarked upon the "Way of the Bow" at the age of eight and began training in bowmaking with his grandfather, Kanjuro XIX, in the family workshop. In 1959, upon the death of Kanjuro XIX, he officially became Kanjuro Shibata XX and assumed the duties of Imperial Bowmaker. He continued in this position until 1994, when he was succeeded by his son-in-law Nobuhiro.

The first Kanjuro Shibata lived in the mid 16th century, and was the master bowmaker for the powerful Shimazu samurai clan. In ca. 1553, he moved to the then capital city of Kyoto where he worked primarily for the Tokugawa clan and received the title of Onyumishi (Grand Bowmaker).

Since then, each generation of Shibata Bowmakers has taken the name Kanjuro and is the holder of the title Onyumishi. In addition to making bows for warriors and nobility, the Shibatas also make sacred bows used in Shinto and Buddhist rituals and have been appointed as the Bowmakers of the Emperor of Japan.

Des arcs pour l'Empereur

L'un d'eux était Onyumishi Kanjuro Shibata XX, un maître-fabricant d'arcs et professeur de kyudo de la vingtième génération. Né en 1921 à Kyoto, il s'engage sur « le Chemin de l'Arc » dès ses huit ans, après quoi il devient très vite apprenti dans l'atelier familial de son grand-père, Kanjuro XIX, afin de devenir fabricant d'arcs. En 1959, il prend, après le décès de Kanjuro XIX, le nom officiel de Kanjuro Shibata XX ainsi que la fonction de fabricant impérial d'arcs. Il gardera cette fonction jusqu'en 1994, lorsque son beau-fils, Nobuhiro, le remplace.

Le premier Kanjuro Shibata vivait au milieu du 16ème siècle et était le maître-fabricant d'arcs du clan puissant des samouraïs Shimazu. Il se rendit autour de l'an 1553 dans la capitale actuelle de Kyoto, où il travailla principalement pour le clan Tokugawa, qui lui offrit le titre d'Onyumishi (Sieur fabricant d'arcs).

Chaque génération de Shibata-fabricants d'arcs a depuis pris le nom de Kanjuro, avec pour titre Onyumishi. En plus de la fabrication des arcs pour les guerriers et la noblesse, les Shibatas fabriquent également des arcs sacrés pour des rituels bouddhistes et Shintoïstes et ils sont les fabricants d'arcs de la cour de l'Empereur japonais.

Bogen voor de keizer

Eén daarvan was Onyumishi Kanjuro Shibata XX, een meester-bogenmaker en kyudo-leraar van de twintigste generatie. Hij werd in 1921 in Kyoto geboren en begaf zich op zijn achtste op de Weg van de Boog, waarna hij al snel in de werkplaats van de familie bij zijn grootvader Kanjuro XIX in de leer ging om bogenmaker te worden. In 1959 nam hij, na het overlijden van Kanjuro XIX, officieel de benaming Kanjuro Shibata XX aan en nam hij de functie van keizerlijke bogenmaker op zich. Deze positie vervulde hij tot 1994, toen zijn schoonzoon Nobuhiro hem opvolgde.

De eerste Kanjuro Shibata leefde reeds in het midden van de 16e eeuw en was meester-bogenmaker van de machtige samoerai-clan Shimazu. Rond 1553 verhuisde hij naar de toenmalige hoofdstad Kyoto, waar hij voornamelijk voor de Tokugawa-clan werkte, die hem de titel Onyumishi (Heer Bogenmaker) verleende.

Sindsdien heeft elke generatie Shibata-bogenmakers de naam Kanjuro aangenomen, met als titel Onyumishi. Naast het vervaardigen van bogen voor krijgers en de adel maken de Shibata's ook heilige bogen die worden gebruikt in boeddhistische en shinto-rituelen en zijn ze de hofbogenmaker van de Japanse keizer.

Tradition of craftsmanship

The Japanese bow (yumi) is highly refined and beautifully decorated. It is more than two metres long and has an asymmetrical form with a hilt below the middle. In the old days, the bow was made from a young tree; later Chinese laminate techniques and materials were used, such as wood and bamboo. When visiting the workshop of Shibata's son, Nobuhiro, who continues the bowmaking tradition of the family, you are given an insight into the manufacturing techniques that have remained unchanged for four hundred years. Vertical strips of bamboo and wood are pinned together by horizontal strips of bamboo and subsequently glued and tied together with strings of hemp.
Bamboo wedges are pushed between the strips in order to alter the tension in the different parts of the construction. This creates the elegant curve.
Yumi's are available in different lengths (from 212 to 245 cm) and with different pull strengths, ideally not too low and not too high. Most beginners start with a yumi that has a pull strength of 10 to 12 kilos, increasing after several months, to an average of 18 kilos for men and a slightly lower pull strength for women.
Some have a standard finish, others have special lacquer work. Synthetic yumi's are also manufactured (made with fibreglass or carbon-fibre) and are available to novice practitioners or in the event that the weather is too bleak for the wood. It is comparable to plastic cutlery at the dinner table: it is practical; however, the aesthetic experience, warmth and sensitivity, which are highly desired, have been lost. All yumi's have their own character and Nobuhiro immediately recognises the maker and origin of bows that he repairs.
A bamboo bow is not particularly delicate but it is susceptible to extremes of climate and physical abuse. Therefore, antique yumi's are often heirlooms in many Japanese families. The best strings (tsuru's) are made from hemp, but due to its fragile state and sensitivity, it is often combined with synthetic materials. The arrows (ya's) are longer than in any other form of archery, i.e. more than one metre in length. Most strikingly are the 15 cm feathers (hane's) - traditionally made from a white-tailed eagles or other birds of prey; currently, more often from geese, swans or turkeys.

Tradition de l'artisanat

L'arc japonais (yumi) est très finement et splendidement travaillé. Il mesure plus de deux mètres de long et il est de forme asymétrique, avec une garde située sous son milieu. Dans la préhistoire, il était fabriqué à partir d'un jeune arbre ; plus tard des techniques et des matériaux de pelliculage chinois, comme le bois ou le bambou furent utilisés. Lors d'une visite des ateliers de Nobuhiro, beau-fils de Shibata, qui poursuit la tradition familiale des fabricants d'arcs, il est possible de se faire une idée des techniques utilisées, techniques qui n'ont pas changé depuis plus de quatre cents ans. Des lanières verticales de bambou et de bois sont attachées avec des lanières horizontales en bambou, elles sont ensuite collées et liées avec de la corde de chanvre. Des cales en bambou sont placées entre les lanières afin de créer des tensions variées sur différentes parties de la construction et d'obtenir une courbe élégante.
Les Yumis peuvent être de longueurs différentes (de 212 à 245 cm) et de forces de traction différentes, idéalement ni trop faibles ni trop élevées. La plupart des débutants commencent avec des yumis de 10 à 12 kg, qui peuvent facilement atteindre 18 kg pour les hommes en quelques mois et quelques kg en moins pour les femmes.
Certains ont reçu une finition standard, d'autres sont recouverts d'une laque spéciale. On fabrique aussi des yumis synthétiques (en fibre de verre ou de carbone), mais ceux-ci sont pour les débutants ou lorsque le temps est trop froid pour le bois. C'est un peu comme des couverts en plastique au dîner: ils fonctionnent bien mais l'expérience esthétique, la chaleur et le feeling ont disparu. Chaque yumi a ses caractéristiques propres et Nobuhiro reconnaît directement le fabricant et l'origine des arcs qu'il répare.
Un arc en bambou n'est pas un objet particulièrement délicat mais il est très sensible aux grands changements de température et aux mauvais traitements. C'est la raison pour laquelle les yumis antiques font partie de l'héritage dans de nombreuses familles japonaises. Les meilleurs tendons (tsurus) sont fabriqués en chanvre, mais, suite à la fragilité et la sensibilité de ces matériaux, ceux-ci sont généralement mélangés à des fibres synthétiques. Les flèches (yas) sont plus longues que dans toutes les autres formes de tir à l'arc, à savoir plus d'un mètre de long. Les plus remarquables sont les plumes de 15 cm de longueur (hanes) – provenant de façon traditionnelle du Pygargue ou d'autres rapaces, mais désormais plus souvent des oies, des cygnes ou des dindons.

Traditie van ambacht

De Japanse boog (yumi) is een zeer verfijnde en prachtig bewerkte stok, meer dan twee meter lang en asymmetrisch, met de handgreep onder het midden. In de prehistorie werd hij vervaardigd uit een jong boompje; later werden Chinese laminaattechnieken en -materialen gebruikt, zoals hout en bamboe. Bij een bezoek aan de werkplaats van Shibata's schoonzoon Nobuhiro, die de bogenmakerstraditie van de familie voortzet, krijgt men een idee van de gebruikte technieken, die sinds vierhonderd jaar niet zijn veranderd. Verticale stroken van bamboe en hout worden vastgezet met horizontale stroken bamboe en vervolgens gelijmd en met henneptouw aan elkaar bevestigd.
Bamboewiggen worden tussen de stroken gedreven om de spanning in verschillende delen van de constructie te variëren zodat de elegante welving ontstaat.
Yumi's komen in verschillende lengtematen (van 212 tot 245 cm) en met verschillende trekkrachten, idealiter niet te klein en niet te groot. De meeste nieuwelingen beginnen met 10 à 12 kilo, hetgeen binnen enkele maanden oploopt tot een gemiddelde van 18 kilo voor mannen en enkele kilo's lichter voor vrouwen.
Sommige hebben een standaardafwerking, andere speciaal lakwerk. Er worden ook synthetische yumi's gemaakt (van fiberglas of koolstofvezel), maar die zijn eigenlijk alleen voor beginners of als het weer te guur is voor hout. Het is zoiets als plastic bestek bij een diner: ze werken wel, maar de esthetische ervaring, warmte en gevoeligheid die zo essentieel zijn, gaan verloren.
Elke yumi heeft zijn eigen karakter en Nobuhiro herkent direct de maker en herkomst van bogen waar hij reparaties aan verricht. Het zijn geen kwetsbare voorwerpen, zolang ze maar worden beschermd tegen kou, vocht, droogte en verwaarlozing. Antieke yumi's vormen dan ook erfstukken in veel Japanse families. De beste pezen (tsuru's) worden gemaakt van hennep, maar vanwege de breekbaarheid en gevoeligheid wordt dit materiaal tegenwoordig meestal met synthetische stoffen gemengd. De pijlen (ya's) zijn langer dan bij elke andere vorm van boogschieten, namelijk meer dan een meter lang. Het opvallendst zijn de 15 cm lange veren (hane's) - traditioneel van zeearenden of andere roofvogels, maar tegenwoordig meestal van ganzen, zwanen of kalkoenen.

THE BOW AS TEACHER

Kyudo has seven stages of shooting, called Hassetsu's, allowing for short breaks, but which in essence are part of one continuous sequence of movement whereby the mind never stops: the mind goes into motion before the physical action begins and continues after it has stopped - "like a stream", as they say.

According to another Kyudo saying: "The bow never lies but is honest and unprejudiced, an excellent teacher of the truth." Closely related to the search for truth are the cultivation of goodness, courtesy, compassion, morality and non-aggression. These would otherwise cloud the mind with negative thoughts, leading to a disturbance when shooting. It is a weird and wonderful paradox how something that was originally used for warfare, transformed through the centuries into an instrument assisting the search of inner truth, a better understanding of ourselves and therefore others.

L'ARC DANS LE RÔLE DU PROFESSEUR

Le rituel du tir est composé de sept phases dans l'art du kyudo, nommés hassetsus, où il est possible de faire une pause, mais qui doivent être exécutées en un mouvement fluide et ce, de façon fondamentale et où l'esprit est toujours actif : l'esprit entre en action avant même le corps et continue de fonctionner après que le corps se soit arrêté – « comme une rivière », dit-on.

« L'arc ne ment jamais » est encore une maxime du kyudo, « mais est honnête et sans préjugés, un excellent professeur de la vérité. » En rapport étroit avec la recherche de la vérité, prévalent le fait de cultiver la bonté, la courtoisie, la compassion, la moralité et le fait d'éviter l'agressivité, car sinon l'esprit est assombri par des pensées négatives et le tir est alors perturbé. C'est un paradoxe prodigieux que quelque chose jadis développé comme arme de guerre au fil des siècles se soit transformée en un instrument de recherche de la vérité intérieure, pour une meilleure compréhension de soi-même et des autres par conséquent.

DE BOOG ALS LERAAR

Het schietritueel bestaat bij kyudo uit zeven fasen, hassetsu's genaamd, waar enige pauzes in voorkomen maar die fundamenteel als één vloeiend geheel moeten worden uitgevoerd en waarin de geest nooit tot stilstand komt: de geest komt in beweging voordat de lichamelijke beweging begint en gaat door nadat die is opgehouden - "als een rivier", zoals men zegt.

"De boog liegt nooit," is nog een kyudo-gezegde, "maar is eerlijk en onbevooroordeeld, een uitmuntende leraar van de waarheid." Nauw in verband met de zoektocht naar waarheid staan de cultivatie van het goede, de hoffelijkheid, compassie, moraliteit en het vermijden van agressie, omdat de geest anders wordt verduisterd door negatieve gedachten, waardoor het schieten wordt verstoord. Het is een wonderlijke paradox dat iets dat ooit werd ontwikkeld als een oorlogswapen in de loop der eeuwen is getransformeerd tot een instrument in de zoektocht naar innerlijke waarheid, naar een beter begrip van onszelf en daarmee van anderen.

SCABAL

A Passion for Cloth

Throughout the world, very few craftsmen are able to produce - from thread to suit - such high quality products. Scabal is one of them.
Designing, manufacturing and marketing of luxurious cloth for men's suits, both ready-to-wear and made-to-measure, are the main activities of Scabal.
The story starts in Brussels (Belgium) where Otto Hertz, future founder of the company, sold a small collection of exclusive fabrics to tailors in the region. Today, Scabal (Société Commerciale Anglo, Belgo, Allemande et Luxembourgeoise) employs 600 staff worldwide. Although it is still a family company, Scabal has a strong presence in Europe as well as other major international cities.

Une Passion pour le Tissu

Il n'existe au monde que quelques artisans qui soient capables de fabriquer elles-mêmes du fil au costume et ce à un niveau de qualité élevé. Scabal est l'une d'entre elles. Les activités principales de Scabal sont la création, la confection et la vente de tissus pour costumes de luxe, le prêt-à-porter et les vêtements d'hommes personnalisés sur-mesure.
Le voyage débute à Bruxelles (Belgique), avec Otto Hertz, le futur créateur de la société, vendant une petite collection de tissus exclusives à des fabricants de vêtements de la région. Aujourd'hui, Scabal (Société Commerciale Anglo, Belgo, Allemande et Luxembourgeoise) a évolué en une société forte de 600 personnes dans le monde entier. Malgré cela, elle reste toujours une véritable société familiale, présente dans la plupart des pays européens et des centres importants dans le monde.

Passie voor Stof

Wereldwijd zijn slechts een paar vaklui in staat om hoogstaande kwaliteit - van garen tot kostuum - geheel zelf te fabriceren. Scabal is er een van.
Design, vervaardiging en het vermarkten van luxe kostuumstoffen, prêt-à-porter en gepersonaliseerde herenmaatkleding vormen de kernactiviteiten van Scabal.
De reis begint in Brussel (België) met een kleine collectie exclusieve stoffen die Otto Hertz, toekomstig oprichter van het bedrijf, verkoopt aan kleermakers uit de regio. Vandaag de dag is Scabal (Société Commerciale Anglo, Belgo, Allemande et Luxembourgeoise) geëvolueerd naar een bedrijf met wereldwijd 600 mensen in dienst. Toch is het nog steeds een hecht familiebedrijf, aanwezig in de meeste Europese landen en belangrijke centra rond de wereld.

www.scabal.com

"We are constantly experimenting and researching for ever improving quality" says Johann Peter Thissen, President of the Scabal Group. "A number of years ago, Scabal developed "Private Line", a Super 180's wool that allows the client to choose and weave a name, text, motto or date into the fabric. The letters are displayed vertically and form a discrete line. There is no limit to the length of the sentence, so your power of imagination or personalisation will have no bounds."
"Scabal has introduced terms that are impossible to imagine men's fashion today without," continues Johann Peter Thissen, referring to the term Super xxx's. "Introduced by Scabal throughout the industry, it indicates the quality of the wool which is included on the label attached to the lining. The 'fabric bunch' or sample book, used to present the different fabrics to the customer, was introduced by Scabal."
The prestigious fabrics - from wool to silk - are produced in Great Britain and Italy. Scabal has its own weaving mill in Yorkshire, where annually 300,000 meters of fabric are produced.
Since the beginning, the collection of Scabal fabrics has symbolised prestige, refinement and quality, whereby the name itself stands for authenticity and quality. Scabal is regarded as the leading supplier of luxury cloth to the men's clothing industry. The world's leading designers, tailors and retailers enjoy using Scabal in their work.

« Nous expérimentons et examinons en permanence comment la qualité peut être améliorée » raconte Johann Peter Thissen, Président du Scabal Group. « C'est de cette façon que Scabal a développé depuis quelques années, 'Private Line', un tissu en laine Super 180's que le client peut personnaliser en tissant le message de son choix (nom, texte, devise ou date). Les lettres sont disposées les unes en dessous des autres et forment ainsi une ligne discrète. Il n'y a aucune limite dans la longueur du texte, ni dans la capacité d'imaginer ou de personnaliser. »
« Scabal a introduit des termes spécifiques de la mode masculine dont on ne peut plus se passer aujourd'hui » poursuit Johann Peter Thissen, se référant à l'indication Super xxx's. « Cette indication, visible sur la vignette de tissu dans la doublure d'une veste, a été introduite dans l'industrie mondiale par Scabal, et indique la qualité de la laine. Tout comme la « liasse de tissus » – un carnet d'échantillons – utilisé pour présenter un choix d'étoffes au client, qui a été autrefois introduit par Scabal. »
Les tissus prestigieux – de la laine en passant par la soie – sont fabriquées en Grande-Bretagne et en Italie. Scabal possède un atelier de tissage dans le Yorkshire, où sont fabriqués 300.000 mètres d'étoffe par an. Depuis sa création, les collections de tissus sont synonymes de prestige, raffinement et qualité, et portent le nom de Scabal dans la lisière en signe de reconnaissance et d'authenticité. Scabal est reconnu dans la mode masculine comme étant un éminent fournisseur de tissus les plus exclusives. C'est la raison pour laquelle les créateurs, tailleurs et fabricants de vêtements les plus importants au monde aiment utiliser Scabal pour fabriquer leurs créations.

"Wij experimenteren en onderzoeken continu hoe kwaliteit verbeterd kan worden" zegt Johann Peter Thissen, Voorzitter van de Scabal Group. "Zo ontwikkelde Scabal een paar jaar geleden "Private Line", een Super 180's wol waarin de klant een zelf te kiezen naam, tekst, lijfspreuk of datum kan laten inweven. De letters staan onder elkaar en vormen zo een discrete streep. Er bestaat geen limiet op de lengte van de tekst, dus ook niet op het inbeeldings- of personalisatievermogen."
"Scabal heeft termen ingevoerd welke nu niet meer zijn weg te denken uit de herenmode," gaat Johann Peter Thissen verder, verwijzend naar de aanduiding Super xxx's. "Deze aanduiding, te zien op het stoflabel in de binnenvoering van een jasje is industriewijd ingevoerd door Scabal en duidt de wolkwaliteit aan. Ook de ambachtelijk gemaakte 'stalenbunch' – een stoffenboekje - dat gebruikt wordt om de keuze aan stoffen te presenteren aan de klant, werd ooit geïntroduceerd door Scabal." De prestigieuze stoffen – van wol tot zijde – worden geproduceerd in Groot-Brittannië en Italië. Zo bezit Scabal een eigen weverij in Yorkshire, waar 300.000 meter stof per jaar wordt geproduceerd.
De collectie van stoffen staat sinds de oprichting synoniem voor prestige, verfijning en kwaliteit en dragen de naam van Scabal in de zelfkant als teken van authenticiteit en kwaliteit. Scabal wordt binnen de herenmode alom gezien als vooraanstaand leverancier van de meest exclusieve stoffen. 's Werelds belangrijkste modehuizen, designers en kleermakers maken dan ook graag gebruik van Scabal om hun creaties te vervaardigen.

Hollywood

With 5,000 different designs available at any one time, 600 to 800 new fabrics per season and authentic made-to-measure garments, Scabal occupies a prominent position in the international men's clothing arena. Leading tailors and designers do not only use Scabal fabrics, politicians, businessmen, royalty, sportsmen and actors, such as Leonardo DiCaprio, Jack Nicholson, Tom Cruise and Will Smith are also keen enthusiasts of Scabal fabrics. Furthermore, the Hollywood film studios in the US regularly consult Scabal for its expertise and on the use of its quality fabrics in films such as Casino Royale, The Aviator, Tailor of Panama, Titanic, Men in Black etc.

Hollywood

Scabal profite d'une position très élevée dans la mode masculine, avec 5.000 motifs disponible, 600 à 800 nouveaux tissus par saison et un authentique programme sur mesure. Les tissus de Scabal ne sont pas seulement utilisés par des fabricants de vêtements et des designers importants dans le monde. Des politiciens, des hommes d'affaires, des têtes couronnées, des stars du sport et du cinéma, comme Leonardo DiCaprio, Jack Nicholson, Tom Cruise et Will Smith sont aussi des amateurs fervents. Par ailleurs, les studios de cinéma d'Hollywood aux Etats-Unis font régulièrement appel à l'expérience de Scabal et des étoffes de qualité ont étés utilisées dans des films comme Casino Royale, The Aviator, Tailor of Panama, Titanic, Men in Black, etc.

Hollywood

Met 5.000 motieven op voorraad, 600 tot 800 nieuwe stoffen per seizoen en een authentiek maatwerkprogramma, geniet Scabal een zeer prominente positie in de herenmode. Niet alleen worden Scabal-stoffen gebruikt door belangrijke kleermakers en ontwerpers over de hele wereld, ook politici, zakenmensen, royalty, sportsterren en filmsterren zoals Leonardo DiCaprio, Jack Nicholson, Tom Cruise en Will Smith zijn er fervent liefhebber van. In de Verenigde Staten doen bovendien de Hollywood filmstudio's met regelmaat een beroep op de expertise van Scabal en werden de kwaliteitsstoffen gebruikt in films als Casino Royale, The Aviator, Tailor of Panama, Titanic, Men in Black, enz.

THE FOUNDATION OF QUALITY

Gregor Thissen, CEO of the Scabal Group: "The philosophy of Scabal originates from the foundation. It is important to know where the wool comes from, as this will determine the quality of the fabric. Scabal uses for example, the finest Merino wool produced in Australia, as its climate is perfect for sheep." Rigorous controls are the norm at Scabal and preserve the essence of the quality, which the company is well-known for.
"All fabrics that are woven are checked - meter by meter - for quality, colour and potential flaws."

LA BASE DE LA QUALITÉ

Gregor Thissen, CEO du Scabal Group: « La philosophie de Scabal commence à la base. Il est important de savoir d'où provient la laine, car cela forme la base de la qualité du tissu. Scabal utilise par exemple de la laine Mérinos d'Australie la plus fine, du fait de son excellent climat pour les moutons. » Le contrôle qualité est dès lors un rituel sans conteste chez Scabal et abrite l'essentiel de la qualité pour laquelle l'entreprise est connue.
« Toutes les tissus sont contrôlées mètre par mètre sur la qualité, la couleur et les erreurs possibles. »

DE BASIS VAN KWALITEIT

Gregor Thissen, CEO van de Scabal Group: "De filosofie van Scabal begint bij de basis. Het is belangrijk om te weten waar je de wol vandaan haalt, want dat vormt uiteindelijk de basis voor de kwaliteit van de stof.
Scabal gebruikt bijvoorbeeld de fijnste merinowol uit Australië, vanwege het uitstekende klimaat voor schapen." Kwaliteitscontrole is dan ook een onomstreden ritueel bij Scabal en herbergt de essentie van de kwaliteit waar de onderneming zo om bekend staat. "Alle geweven stoffen worden - meter voor meter - gecontroleerd op kwaliteit, kleur en mogelijke fouten."

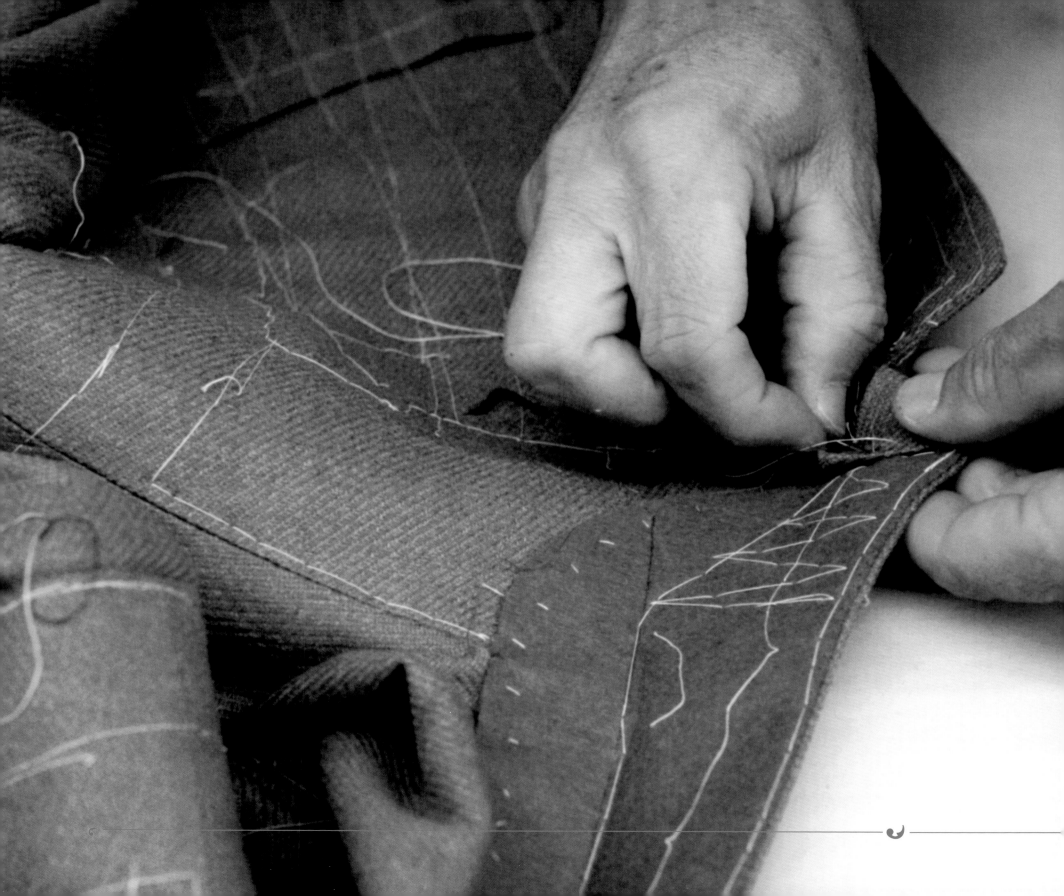

GOLD AND DIAMONDS

Scabal's collection offers a number of highly exceptional fabrics, or rather fabric combinations. Gold fanatics are able to indulge themselves in one of the prestigious collections of Scabal. Using courage and superb craftsmanship, the company developed 'Gold Treasure', a fabric made from 24 carat gold and fine count Super 150's wool. The cloth radiates elegance with its discrete fine gold threads. "After weaving in gold, another idea surfaced to create something special. That is when we started working with diamonds!" says Gregor Thissen. The diamonds are ground and introduced into the wool when it is being spun. The 'Diamond Chip' collection feels light and comfortable, has a subtle sparkle and a dazzling appearance. Creativity has no boundaries.

OR ET DIAMANTS

La collection de Scabal offre quelques tissus très particuliers, ou mieux encore des mélanges de tissus. De cette façon des amateurs d'or peuvent s'en donner à cœur joie chez Scabal. La société a développé, au moyen d'un savoir-faire exceptionnel et d'audace, le "Gold Treasure", une laine Super 150's dans laquelle est introduite de l'or à 24 carats. L'étoffe rayonne d'élégance, dans laquelle les fines lignes d'or témoignent d'une singularité subtile. « Après le tissage d'or arriva l'idée de créer quelque chose d'encore plus exceptionnel. Nous avons donc décidé d'essayer avec des diamants! » raconte Gregor Thissen. Les diamants sont finement fragmentés et introduits au tissu lors du filage. La collection "Diamond Chip" est légère et souple, a un éclat très fin et un rayonnement distingué absolu. La créativité ne connaît pas de frontières.

GOUD EN DIAMANTEN

De collectie van Scabal biedt een aantal zeer bijzondere stoffen, of beter gezegd stofcombinaties. Zo kunnen liefhebbers van bijvoorbeeld goud bij Scabal hun hart ophalen. Met durf en exceptioneel vakmanschap ontwikkelde het bedrijf "Gold Treasure", een Super 150's wol waarin 24 karaats goud is verwerkt. Het doek straalt elegantie uit, waarbij de fijne strepen van goud slechts als subtiele blijk van bijzonderheid gelden. "Na het verweven van goud ontstond het idee om nóg iets bijzonders te creëren. Dus zijn we het maar eens met diamanten gaan proberen!" vertelt Gregor Thissen. De diamanten zijn fijngemalen en tijdens het spinnen vermengd met de stof. De collectie "Diamond Chip" voelt licht en soepel aan, heeft een zeer fijne glinstering en een absoluut gedistingeerde uitstraling. Creativiteit kent geen grenzen.

MADE-TO-MEASURE

Made-to-measure garments are an essential part of Scabal. Of all the finished products that leave the company, approximately eighty percent fall under this category. Annually, some 60,000 made-to-measure garments are ordered worldwide which are manufactured in Scabal's production workshop in Saarbrücken (Germany).
As a European market leader in personalized made-to-measure garments, Scabal was a pioneer in introducing and developing the made-to-measure concept some 30 years ago. This concept has become a popular phenomenon in men's fashion.
Aside from suits, there is the option to order made-to-measure jackets, trousers, shirts and coats. An exclusive collection of shirts, ties, knitwear and belts allow the wearer to undergo a true and complete Scabal experience.

FAIT POUR ÉPOUSER LE CORPS

Le sur-mesure occupe une place essentielle chez Scabal. Quatre-vingt pour cent de tous les produits finis quittant l'entreprise appartiennent à cette catégorie. Environ 60 000 costumes sont fabriqués sur-mesure chaque année dans l'atelier de production à Saarbrücken (Allemagne). Scabal est leader du marché en Europe dans le domaine du sur-mesure et la société était il y a plus de trente ans, une pionnière dans l'implantation et l'évolution du système du sur-mesure. Ce concept est entre temps devenu un phénomène populaire dans la mode masculine. A côté des costumes, vous pouvez également choisir de faire confectionner sur-mesure des blazers, des pantalons, des chemises ou des manteaux. Une collection exclusive de chemises, cravates, lainages et ceintures est également proposée afin de pouvoir vivre une expérience Scabal vraiment complète.

OP HET LIJF GESNEDEN

Maatwerk vormt bij Scabal een essentieel onderdeel van de onderneming.
Van alle eindproducten die het bedrijf verlaten, valt circa tachtig procent onder deze categorie. Jaarlijks worden wereldwijd ongeveer 60.000 maatkostuums vervaardigd in het eigen productie-atelier in Saarbrücken (Duitsland). In Europa is Scabal marktleider op het gebied van maatwerk en de firma was meer dan drie decennia geleden een pionier in het implementeren en uitbreiden van het maatwerksysteem. Inmiddels is dit concept een populair fenomeen binnen de herenmode.
Naast kostuums kan men ook kiezen om colberts, broeken, hemden en jassen op maat te laten vervaardigen. Een exclusieve collectie shirts, dassen, knitwear en riemen wordt aangeboden om de man een werkelijk complete Scabal-beleving te kunnen bieden.

ATTENTION TO DETAIL AND FINISH

Recently, Scabal launched a new collection, "Scabal N° 12". The name refers to the house number of Scabal's flagship store on the prestigious Savile Row in London.

The "Scabal N° 12" collection, a symbol of contemporary natural elegance, is handcrafted according to the strict bespoke tailoring traditions of Savile Row and stands out thanks to its top-quality. It is the perfect blend of modern comfort and tailored elegance: from cutting a "N° 12" suit to sewing, everything is in the hands of skilled craftsmen. The canvas backing is made up of layers of camel hair and horsehair, pre-washed to ensure the uniformity and stability of the garment. Each of these components contributes to the comfort, lightness and durability of a "Scabal N° 12" suit.

Scabal attaches the greatest importance to detail and finish, two typical elements of the noble tradition of bespoke tailoring. Buttonholes, for instance, are double-stitched: first with cotton yarn, then with silk. The insets of shoulders and sleeves are sewn by hand and moulded, so that the shoulder and chest are guaranteed to fit comfortably and acquire an expression unique to handmade garments.

Scabal is probably one of the best kept secret in men's clothing. A secret known for quite some time by connoisseurs, enthusiasts and celebrities. It is also a secret that deserves to be shared...

DÉVOUEMENT AUX DÉTAILS ET FINITIONS

Scabal a récemment lancé une nouvelle ligne, "Scabal N° 12". Le nom fait référence au numéro de maison du Scabal magasin pilote, dans la prestigieuse Savile Row de Londres.

La collection "N° 12", symbole d'une élégance naturelle contemporaine, est fabriquée selon les traditions des tailleurs "Savile Row" très strictes et elle se caractérise par un artisanat de très haut niveau. C'est la synthèse parfaite d'un confort moderne et d'une élégance de confection : de la découpe d'un costume "N° 12" jusqu'à la couture, tout est dirigé par des mains professionnelles. La doublure est confectionnée de couches de poils de chameaux et de chevaux, prélavés afin de certifier l'uniformité et la stabilité du modèle. Chacun de ces composants contribue au confort, à la légèreté et la durée de vie d'un costume "Scabal N°12".

Scabal accorde le plus grand intérêt aux détails et aux finitions, deux éléments typiques de la tradition noble d'un vêtement fabriqué à la main. Par exemple les boutonnières sont piquées deux fois: une première fois avec du fil de coton et une deuxième fois avec de la soie. L'ébauche des épaules et des manches est cousue et modelée à la main, de façon à ce que l'épaule et le torse soient confortables et qu'ils aient une apparence ne pouvant être obtenue que par un vêtement fabriqué à la main.

Scabal est peut-être le secret le mieux gardé dans le monde de la mode masculine. Un secret déjà connu depuis longtemps auprès des connaisseurs, des amateurs et des célébrités. Mais également un secret qui mérite d'être chuchoté de bouche à oreille...

TOEWIJDING AAN DETAILS EN AFWERKING

Recentelijk lanceerde Scabal een nieuwe lijn, "Scabal N° 12". De benaming verwijst naar het huisnummer van de Scabal flagshipstore op het prestigieuze Savile Row in Londen.

De "N° 12" collectie, symbool voor eigentijdse natuurlijke elegantie, wordt gemaakt volgens strikte "Savile Row" kleermakerstradities en is gekenmerkt door ambachtelijk handwerk van het allerhoogste niveau. Het is de volmaakte synthese van modern comfort en kleermakerselegantie: van het snijden van een "N° 12" kostuum tot het stikken, alles wordt gestuurd door vakkundige handen. Het binnendoek is gemaakt van lagen kamelenhaar en paardenhaar, voorgewassen om de uniformiteit en stabiliteit van het model te verzekeren. Elk van deze componenten draagt bij tot het comfort, de lichtheid en de levensduur van een "Scabal N°12" pak.

Scabal hecht het grootste belang aan details en afwerking, twee typische elementen van de nobele traditie van handgemaakte kleding. Knoopsgaten zijn bijvoorbeeld dubbel gestikt: een eerste keer met katoengaren en een tweede keer met zijde. De aanzet van schouders en mouwen is met de hand genaaid en gemodelleerd, zodat schouder en borst blijvend comfortabel zijn en een expressie krijgen die alleen een handgemaakt kledingstuk kan bieden.

Scabal geldt misschien wel als één van de best bewaarde geheim van de herenmode. Een geheim dat al veel langer bekend was bij kenners, liefhebbers en celebrities. Maar ook een geheim dat het verdient om doorgefluisterd te worden...

GLASHÜTTE ORIGINAL

A Handcrafted Piece of Tradition

Horological talent is not something that can be learned overnight. Enormous patience and a craftsman's steady hand are just as important as knowledge of the fine details of traditional watchmaking – a knowledge that is passed from generation to generation at Glashütte Original.
The seamless continuation of the art of watchmaking since the first timepieces emerged from the town in 1845 has heavily contributed to the modern success of Glashütte Original. The VEB Glashütter Uhrenbetriebe firms formed in 1951 became Glashütter Uhrenbetrieb GmbH in 1990 after reunification of Germany, four years later giving birth to the Glashütte Original brand.

Une Oeuvre de Tradition Faite à la Main

Le talent horloger est un apprentissage de longue haleine. La patience prodigieuse et les competences d'un artisan sont toutes aussi importantes que la connaissance des mécanismes de precision del'horlogerie traditionnelle, heritage de la manufacture Glashütte Original. Cette continuité de l'art horloger depius ses premiers chef d'oeuvre en 1845 a fortement contribute au success contemporain de Glashütte Original. VEB Glashütter Uhrenbetriebe forme en 1951 une entité unique regroupant l'ensemble des ateliers de fabriacation indépendants de Glashütte. Suite à la reunification de l'Allemagne en 1990, elle deviant Glashütter Uhrenbetrieb GmbH, et donne naissance, quatre ans plus trad, à la marqu Glashütte Original.

Een Handgemaakt Stukje Traditie

De kunst van de horlogemakerij krijgt men niet op één-twee-drie in de vingers. Een enorm geduld en een vaste hand bij de vakman zijn even belangrijk als kennis van de kleinste details van de traditionele horlogemakerij – een kennis die bij Glashütte Original wordt doorgegeven van generatie op generatie. De naadloze voortzetting van de horlogemakerskunst sinds de eerste horloges in 1845 de stad verlieten, hebben sterk bijgedragen tot het moderne succes van Glashütte Original. Het in 1951 opgerichte VEB Glashütter Uhrenbetriebe werd in 1990 Glashütter Uhrenbetrieb GmbH, na de hereniging van Duitsland in 1989. Vier jaar later werd het merk Glashütte Original geboren.

www.glashuette-original.com

A Glashüttte Original is born

The Saxon watch manufactory is one of the very few companies able to create its own watchmaking tools and manufacture individual watch components in-house. Thus, according to the definition of a manufactory, it does not necessarily means to make everything by hand. Modern methods are used to achieve the manufacture of individual components as they need to be of the utmost precision. Components are delicately finished, lavishly engraved, and galvanically treated. These components pass through many skilled hands before they arrive at those of the actual watchmaker, who assembles them patiently and with great precision. Step by step, hour after hour, until a timepiece has been masterfully crafted.

Un Glashütte Original est née

La manufacture de Saxon est l'une des rares societies capable de créer ses propres outils d'horlogerie et de fabriquer en interne des composants horlogers. Selon la definition d'une manufacture, c'est ne pas nécessaire de l'ensemble de ces pieces à la main. Les methods moderns sont employees dans la fabrication de composants individuals afin de répondre aux exigencies de trés haute precision. Les composants sont délicatement finis, somptueusement graves, et traités galvaniquement. Ces composants passend dans de nombreuses mains habile savant d'être confiées à l'artisan horloger qui va les assembler patiemment avec une grance precision pour finalement élaborer un chef-d'oeuvre magistral.

Een Glashüttte Original is geboren

De Saksische horlogemakerij is één van de weinige bedrijven in die sector die hun eigen gereedschap kunnen maken en die individuele horlogeonderdelen intern produceren. Hoewel het per definitie om handwerk gaat, betekent dit niet dat er geen moderne methodes worden gebruikt voor het maken van individuele componenten, aangezien ze uiterst precies moeten zijn. De onderdelen worden zorgvuldig afgewerkt, mooi gegraveerd en galvanisch behandeld. Ze gaan door vele vaardige handen alvorens ze in die van de horlogemaker terechtkomen, die ze met veel geduld en grote precisie assembleert. Stap voor stap, uur na uur, tot het horloge op meesterlijke wijze afgewerkt is.

COMPLICATED AND EXCEPTIONAL

With an emphasis on traditional Saxon watchmaking, Glashütte Original has carved out a very special niche for itself that is decidedly different from other luxury watch companies.

The original idea was combining high handmade quality with the concept of limited editions. Therefore, Glashütte Original's products, beginning in 1994, have included rare, complicated pieces of exceptional production depth and poetic mechanics.

One of the features the constructors found important in implementing his concept was the creation of a flying tourbillon in wristwatch size. By the mid-1990s, tourbillons had already crystalized as the object a demanding manufacturer of wristwatches needed to include in a high-class collection, and Glashütte Original needed one to express its own originality—which led them to the element that Alfred Helwig, an instructor at the legendary German School of Watchmaking, premiered in a pocket watch in 1920.

This type of tourbillon is very sensitive as it is only secured to the plate on one side, making it seem to float within the movement. The brand continues to honor both Helwig and Julius Assmann with unique limited editions named for these exceptional historical watchmakers—some including another of Glashütte Original's signature elements: dials handcrafted by the nearby Meissen porcelain manufacture.

COMPLIQUÉE ET EXCEPTIONNELLE

Avec une emphase sur l'horlogerie traditionnelle de Saxe, Glashütte Original s'est faite une niche très spéciale qui est décidément différente d'autres fabricants de montres de luxe.

L'idée originale était de combiner sa qualité de manufacture exceptionnelle au concept des éditions limitées. Par conséquent, les produits Glashütte Original, à partir de 1994, ont été fabriqués avec des pièces rares, compliquées, produites de façon exceptionnelle et au mécanisme poétique.

L'une des caractéristiques que les constructeurs trouvaient importante dans l'implémentation de leur concept était la création d'un tourbillon volant en format montre-bracelet. Au milieu des années 90, les tourbillons avaient déjà cristallisé comme étant l'objet qu'un fabricant de montres-bracelet exigeant avait besoin d'insérer dans sa collection de haut vol, et Glashütte Original en avait besoin afin d'exprimer sa propre originalité - ce qui les a conduit à l'élément qu'Alfred Helwig, un instructeur à l'Ecole allemande d'horlogerie légendaire, qui fut lancé pour la première fois dans une montre de poche en 1920.

Ce type de tourbillon est très sensible du fait qu'il est fixé au plateau d'un seul côté, faisant comme s'il flottait dans le mouvement.

La marque continue d'honorer à la fois Helwig et Julius Assmann grâce à d'uniques éditions limitées portant le nom de ces maîtres horlogers exceptionnels et historiques - et incluant pour certains d'autres éléments de la signature de Glashütte Original : des cadrans faits à la main dans la manufacture de porcelaine tout proche de Meissen.

GECOMPLICEERD EN UITZONDERLIJK

Met de nadruk op de traditionele Saksische horlogebouw, heeft Glashütte Original voor zichzelf een zeer speciale niche uitgebouwd, die beslist verschilt van andere fabrikanten van luxehorloges.

Het originele idee was handgemaakte kwaliteit te combineren met het concept van beperkte oplage. Daardoor omvatten de Glashütte Original-producten vanaf 1994 zeldzame, gecompliceerde stukken van uitzonderlijke diepgang en poëtische mechanica.

Een van de elementen die de horlogebouwers belangrijk vonden om te implementeren in hun concept, was de creatie van een vliegende tourbillon in polshorlogeformaat. Halfweg de jaren 1990 waren tourbillons reeds gekenmerkt als het element dat een veeleisende fabrikant van polshorloges moest integreren in een collectie met topklasse. Glashütte Original had er één nodig om zijn eigen originaliteit uit te drukken – wat hen bracht bij het element dat Alfred Helwig, een leerkracht aan de legendarische Duitse Horlogemakerschool, in 1920 voor het eerst gebruikte in een zakhorloge.

Dit type tourbillon is zeer gevoelig aangezien hij slechts langs één zijde bevestigd is aan de plaat, waardoor hij lijkt te zweven tijdens de beweging. Het merk blijft zowel Helwig als Julius Assmann eren met unieke beperkte edities genoemd naar deze uitzonderlijke historische horlogemakers. Sommige daarvan bevatten nog een specifiek element van Glashütte Original: wijzerplaten die met de hand gemaakt worden in de nabijgelegen porseleinfabriek Meissen.

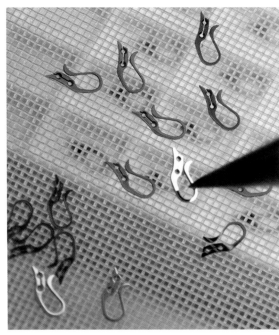

FOR EACH CHARACTER

The brand's serial products are based on clean, classic designs – exemplified by the Senator and Pano lines incorporating a number of classic complications crowned by Glashütte Original's own panorama date, a large date display that appears to have both digits remaining on the same level, making the need for a mullion superfluous.

Additionally, Glashütte Original is one of the very few high-end manufacturers to pay special attention to the ladies. The Star Collection, driven by the Pano line's Calibers 90 and 65, are decorative examples of how beautiful high mechanics can be.
Through the years, Glashütte Original also built a line of sports watches christened Sport Evolution to embody the sporty side of Glashütte.

POUR CHAQUE PERSONNALITÉ

Les produits en série de la marque sont basés sur des designs purs et classiques- illustrés par les lignes 'Senator' et 'Pano' incorporant un nombre de modules de complications classiques couronnés par le propre Panorama date de Glashütte Original, un affichage large de la date qui semble avoir les deux chiffres au même niveau, rendant le meneau superflu.

En outre, Glashütte Original est l'une des manufactures, et leur nombre est très faible, à accorder une attention spéciale aux dames. La collection 'Star', poussée par les calibres 90 et 65 de la ligne 'Pano' line, sont des exemples décoratifs du niveau de beauté que peuvent atteindre les mécaniques d'excellence.
Tout au long des années, Glashütte Original a aussi conçu une ligne de montres sport baptisée Sport Evolution pour incarner le côté sportif de Glashütte.

VOOR ELK TYPE

De serieproducten van het merk zijn gebaseerd op een strak, klassiek ontwerp – met de "Senator"- en de "Pano"-lijnen als boegbeeld, waaraan een aantal klassieke elementen zijn toegevoegd, bekroond met de eigen panoramadatum van Glashütte Original, een groot datumscherm waarbij beide cijfers op hetzelfde niveau blijven, en een middenstijl overbodig wordt.

Bovendien is Glashütte Original één van de zeer weinige luxefabrikanten die bijzondere aandacht besteedt aan de dames.
De "Star Collection", afgeleid van de kalibers 90 en 65 van de "Pano"-lijn, zijn decoratieve voorbeelden van hoe mooi fijne mechanismen kunnen zijn.
Door de jaren heen heeft Glashütte Original ook een lijn sporthorloges gebouwd, die Sport Evolution werd genoemd, om de sportieve kant van Glashütte te belichamen.

High level of craftsmanship

It goes without saying that an inordinate level of care goes into making all of Glashütte Original's mechanical masterpieces and each one incorporates original elements of Saxon watchmaking such as the stable three-quarter plate, blued screws, ruby bearings in gold chatons, swan-neck fine adjustment (sometimes even of the duplex variety), and decorative finishing elements such as Glashütte ribbing (which is similar to côtes de Genève), sunburst finish on wheels, and exceedingly decorative hand-engraving on skeletonized and other movement elements. Finishing is by far the process that takes the most time in creating a Glashütte Original movement, simply because beveling, polishing, engraving, decorating, and filing are all done by hand. The tin polishing of a single spring can take a technician up to a half a day.

This exciting relationship between old and new, modern and traditional, is what drives this brand, and German virtues of precision and functionality culminate here. Although the company is geographically located at the edge of the Teutonic republic, these factors push the city into a central spotlight highlighting vintage crafts carried out by hand and a top, modern factory.
"All of that melts into the watches that are manufactured at Glashütte Original," Günter Wiegand, General Manager, explains. The timepieces form a focal point of all these seeming contradictions, the expression of these extremes. "The watches are for us the interpretation of the old in the present intermingled with ideas for the future." The future will certainly look much like the past of Glashütte Original with emphasis remaining on handcrafted timekeepers of high technical originality and beautifully decorated and executed mechanics.

Un savoir-faire de haut niveau

Il va sans dire qu'un niveau extrême de précision est apporté dans la fabrication de tous les chefs d'œuvre mécaniques de Glashütte Original et chacun incorpore des éléments originaux de l'horlogerie saxonne tels que la platine trois quarts stable, vis bleuies, chape en rubis dans des chatons d'or, réglage précis en col de cygne (parfois même de la variété bidirectionnelle) et des éléments de finition décorative comme les côtes Glashütte (décor similaire aux côtes de Genève), le brunissage des pivots, et tous les éléments extrêmement décoratifs comme le guillochage sur les mouvements ajourés et autres.
La finition est de loin le processus qui requiert le plus de temps dans la création d'un mouvement Glashütte Original, tout simplement parce que l'anglage, le polissage, le guillochage, la décoration, et le limage se font tous à la main. Le polissage d'un seul ressort peut prendre à un technicien jusqu'à une demi-journée.
Cette relation excitante entre l'ancien et le neuf , le moderne et le traditionnel, est ce qui pousse cette marque, et les vertus allemandes de précision et de fonctionnalité s'y épanouissent pleinement. Bien que la société soit située aux confins du pays, ces talents confèrent à la ville une aura fantastique, qui font revivre les artisanats d'époque réalisés à la main dans une fabrique hyper moderne.
« Tout cela s'harmonise dans les montres manufacturées chez Glashütte Original, » explique Günter Wiegand, General Manager. Les garde-temps forment un point de convergence de toutes ces apparentes contradictions, l'expression de ces extrêmes. « Les montres sont pour nous l'interprétation de l'ancien dans le présent amalgamé avec des idées futuristes. »
Le futur va très certainement ressembler au passé de Glashütte Original avec l'accent sur les garde-temps faits à la main d'une originalité hautement technique et dotés de mécanismes magnifiquement réalisés et décorés.

Hoog niveau van vakmanschap

Het spreekt vanzelf dat er een onnoemelijke zorg wordt besteed aan het maken van alle mechanische meesterwerken van Glashütte Original en elk van hen bevat originele elementen van de Saksische horlogemakerkunst, zoals een stabiele driekwart platine, geblauwde schroeven, robijnlagers in gouden chatons, zwanenhals-fijnregulering (soms zelfs van de duplexvariëteit) en decoratieve afwerkingelementen zoals de Glashütte-ribbels (die lijken op côtes de Genève), zonnestraaldecoratie op de kronen, en uiterst decoratieve met de hand gemaakte gravures op geskeletteerde wijzers en andere bewegende elementen.
De afwerking is veruit het meest tijdrovende proces bij het creëren van een Glashütte Original uurwerk, gewoon omdat het facetteren, polijsten, graveren, decoreren en vijlen allemaal met de hand gebeurt. Het dun polijsten van een enkele veer kan een technicus tot een halve dag kosten.
Deze boeiende relatie tussen oud en nieuw, modern en traditioneel, is wat dit merk drijft en de Duitse waarden van precisie en functionaliteit bereiken hier hun toppunt. Hoewel het bedrijf geografisch gelegen is aan de rand van de Duitse republiek, brengen deze fabrikanten de stad voor een centraal voetlicht door deze oude ambachten in de kijker te plaatsen, met de hand uitgevoerd in een moderne topfabriek.
"Dit alles versmelt in de horloges die worden gemaakt bij Glashütte Original", legt Günter Wiegand, General Manager, uit. De horloges vormen een brandpunt voor al deze schijnbare tegenstellingen, de uitdrukking van deze uitersten. "De horloges zijn voor ons de vertaling van het verleden naar het heden, verweven met ideeën voor de toekomst."
De toekomst zal zeker sterk lijken op het verleden van Glashütte Original, waarbij de nadruk zal blijven liggen op handgemaakte horloges met een ver doorgedreven technische originaliteit en mooi versierde en uitgevoerde mechanismen.

DELVAUX

Luxury in Leather

Today, the word luxury has lost its value. But the House Delvaux still believes in true luxury: items made of the finest materials in limited numbers by skilled craftsmen. Luxury is also tailor-made services, the ability to personalise a standard item or commission a personal design as well as the knowledge that the items you buy will become heirlooms.

Le Luxe dans la Maroquinerie

Aujourd'hui, le luxe perd parfois de son vrai sens. Chez Delvaux, le terme n'est en rien galvaudé: la Maison réalise toujours ses pièces en nombre limité, dans les meilleurs cuirs, par des artisans extrêmement qualifiés. Le luxe, c'est aussi le sur-mesure. Chez Delvaux, on peut élaborer sa propre création et donner une touche personnelle à des articles qui feront pour toujours partie de notre patrimoine.

Luxe in Leder

Luxe is een woord waarvan de ware waarde al te dikwijls verloren dreigt te gaan. Voor Delvaux betekent echte luxe nog altijd: een gelimiteerd aantal stuks realiseren, in de beste leersoorten, handgemaakt door uiterst bekwame vaklui. Luxe is ook synoniem van maatwerk: de mogelijkheid om aan ieder artikel een persoonlijke 'touch' te geven, om een eigen ontwerp te kunnen bestellen, en zo te investeren in een object dat op een dag deel van het erfgoed zal uitmaken.

www.delvaux.com

Leipzig - 1939

Brillant - 1958

Tempête - 1967

Galapagos - 1973

Capri - 2008

Regard Passager - 2009

A HOUSE WITH A RICH HERITAGE

Luxury has never lost its lustre at Delvaux. Even Charles Delvaux loved that personal touch, the quality and the job. He opened his workshop in 1829, which makes Delvaux the oldest fine leather luxury goods company in the world. Charles Delvaux worked with the finest leathers and quickly gained universal admiration amongst the cognoscenti with his handcrafted travel trunks. From far and beyond, clients came to his Brussels' workshop, even the queen of Belgium. From 1883 onwards, Delvaux became a warrant holder to the Court of Belgium, an honorary title that has been extended by every new king.

In 1933, Franz Schwennicke took over the House. His fierce decisions took the company to the next level. He introduced the concept of seasonality into leather goods, and was the first one in Europe to give each new model a name. The 'Brillant', the bag he launched for the world exhibition of 1958 in Brussels, was an instant hit. Ever since, the handbag has become an icon for Delvaux, living a life on its own.

When Solange Schwennicke took over from her husband in 1970, she proved to be a true visionary. She quickly expanded beyond Belgium's borders and challenged the international market. She also linked the House's know-how to the talent of prominent designers. She introduced new, exclusive leathers and thus built the savoir-faire of the House and truly gave the word luxury a new meaning. By the end of the nineties, her son François came on stage. Today, the House Delvaux is jointly managed by François Schwennicke, Executive Chairman and Christian Salez ,CEO.

LA PLUS ANCIENNE MAROQUINERIE AU MONDE

Le sens du mot luxe n'a jamais été galvaudé chez Delvaux. Déjà Charles Delvaux, le fondateur de la Maison, adhérait à ces valeurs de qualité, de savoir-faire et de personnalisation. Il ouvrit son premier atelier en 1829. Delvaux est donc la plus ancienne Maroquinerie au monde. Charles Delvaux travaillait avec les plus belles peaux et ses malles, fabriquées à la main, acquièrent très vite une excellente réputation. Les clients venaient des quatre coins du monde pour visiter son atelier bruxellois. Et bien sûr, les grands de notre pays y passaient régulièrement. Dès 1883, la Maison Delvaux devient Fournisseur de la Cour de Belgique, un titre qui a été depuis prolongé par tous les rois successifs.

Franz Schwennicke reprit les rênes de la Maison en 1933. Il prit quelques décisions importantes qui lui permirent d'accéder à toujours plus d'excellence. Ainsi, chaque saison, il présentait une nouvelle collection. Il fut le premier en Europe à donner des noms à ses modèles. Le sac à main 'Brillant', lancé à l'occasion de l'Exposition Universelle de Bruxelles en 1958, fut sans conteste le premier grand succès de Franz Schwennicke. Un 'Brillant' devenu aujourd'hui une vraie icône intemporelle.

Quand Solange Schwennicke succède à son époux en 1970, elle se révèle très visionnaire et audacieuse. Très vite, elle explore les continents et s'engage dans des challenges internationaux. De plus, elle lie le know-how de la Maison au talent de créateurs réputés. Elle introduit également de nouveaux cuirs exclusifs afin de développer le savoir-faire de la Maison et de donner au mot 'luxe' un nouveau sens. A la fin des années '90, elle passe le flambeau à son fils François. Aujourd'hui, la Maison Delvaux est dirigée par l'Executive Chairman François Schwennicke et le CEO Christian Salez.

OUDSTE LEDERWARENHUIS TER WERELD

Bij Delvaux is luxe nooit uitgehold. Zelfs Charles Delvaux hield van die persoonlijke touch, van kwaliteit én van de stiel. Hij opende zijn atelier in 1829, wat betekent dat Delvaux het oudste lederwarenhuis ter wereld is. Charles Delvaux werkte met de mooiste leersoorten en bouwde al snel een uitstekende reputatie op met zijn handgemaakte koffers. Van heinde en verre kwamen klanten naar zijn Brusselse atelier. Zelfs het Belgische Hof maakte zijn opwachting. Vanaf 1883 ook officieel: het Huis Delvaux wordt dat jaar één van de Belgische Hofleveranciers, een eretitel die sindsdien door elke nieuwe koning is verlengd.

Franz Schwennicke neemt in 1933 het Huis over. Hij weet het Huis naar een nog hoger niveau te tillen door bijzondere beslissingen. Zo komt hij elk seizoen met een nieuwe tassencollectie op de markt. En hij is de eerste in Europa om zijn tassen namen te geven. Met de 'Brillant', een tas die hij lanceert naar aanleiding van de Wereldtentoonstelling van 1958, scoort Franz Schwennicke een eerste hit. De handtas is terecht een blijver. Een heus icoon, dat vandaag een eigen leven leidt.

Wanneer Solange Schwennicke in 1970 haar echtgenoot opvolgt, ontpopt ze zich tot een visionair met lef. Ze kijkt al snel buiten de grenzen en zoekt internationale uitdagingen. Bovendien koppelt ze de know-how van het Huis aan het talent van vooraanstaande ontwerpers. Ze introduceert ook nieuwe, exclusieve leersoorten waardoor ze de vakkennis van het Huis verder uitbouwt en tegelijk het woord luxe een nieuwe inhoud geeft. Eind jaren negentig geeft zij de fakkel door aan haar zoon François. Vandaag leiden Executive Chairman, François Schwennicke en CEO, Christian Salez in tandem het luxehuis.

THE ARSENAL, BETWEEN HISTORY AND FUTURE

The glorious past of Delvaux can be traced in the 'Gold Books' of the House. Two old and large books in which each new model has been sketched and named. The books are neatly kept in Delvaux' museum, next to over a thousand old models (the oldest dating from 1887). This museum can be found at Delvaux' heartquarters in the Brussels' Arsenal, the epicentre of the House. A place breathing know-how and quality and today's creativity. This is where the craftsmen bring to life the sketches of the designers, this is where the most beautiful leathers of the world have been brought together. Here artists create. Here lies the heart of Delvaux.

At Delvaux, quality is never an empty box. It's become a natural attitude in all of the House's departments. Delvaux' craftsmen make use of an extensive range of leathers that are all of the highest quality. Whether we talk about classic leathers like calf, lamb or goat, or about exotic leathers like ostrich, lizard, alligator or salmon. In collaboration with the best tanners in Europe, Delvaux tests new leathers for months before they are used for any collection. Using special laboratory tests, the leather is tested for its resistance to water, fading and wear. When a type of leather is finally selected, Delvaux only uses the best parts of the skins. Throughout the years, the craftsmen have refined their techniques. They keep on pushing the boundaries. A nice example is Toile de Cuir, a fabric woven from different leathers. Delvaux developed this material exclusively for leather goods. A premiere in the business…

Quality and creativity are cornerstones essential to each new collection. The past decades, Delvaux has been noted for its continuous innovations, thanks to close collaborations with prominent designers, and thus succeeded in bringing an extra touch of fashion to ever-classic yet stylish collections. The exciting think tank, Studio Delvaux, invites creative people who delve into their own particular talents and worlds to develop new design ideas for concepts. The House's creativity is off course the result of much thinking. Needless to say, it's all about thinking outside of the box.

L'ARSENAL, ENTRE PASSÉ ET AVENIR

Le passé glorieux de Delvaux s'étale page après page dans les Livres d'Or de la Maison. En effet, encore à ce jour, tous les modèles sont répertoriés dans deux livres anciens, où ils sont dessinés et nommés. Ces livres sont précieusement conservés dans le musée de Delvaux, où on trouve également près de 1000 modèles – le plus ancien datant de 1887. Ce musée est situé au siège principal de la Maison de luxe, à l'Arsenal à Bruxelles. Cet endroit respire également le know-how, la qualité et le savoir d'aujourd'hui. C'est aussi l'endroit où les artisans traduisent les croquis des créateurs en prototypes, où les plus belles peaux du monde sont rassemblées, où les artistes créent… c'est là que bat le cœur de Delvaux.

La 'qualité' n'est pas un vain mot chez Delvaux. Ici on met la barre haut et cela dans tous les départements de la Maison. Les artisans utilisent une large variété de cuirs, qui sont tous, sans exception, de la plus grande qualité. Qu'il s'agisse de cuirs classiques, tels le veau, l'agneau, la chèvre, ou des cuirs exotiques, tels l'autruche, le lézard, l'alligator ou le saumon. Delvaux développe des collaborations étroites avec les meilleurs tanneurs d'Europe et travaille pendant plusieurs mois à la mise au point de nouveaux cuirs qui seront ensuite intégrés dans les collections. De nombreux tests sont réalisés en laboratoire afin de vérifier la résistance à l'eau, à la lumière et aux frottements. Seules les plus belles parties des peaux sont utilisées. Au fil des années, les compétences techniques des artisans se sont affinées. Toujours plus curieux et inventifs, ils mettent au point des nouvelles matières uniques. La Toile de Cuir, une étoffe tissée à partir de différentes variétés de cuir, en est un bel exemple. Elle est aujourd'hui développée exclusivement par Delvaux pour la maroquinerie.

Qualité et créativité sont les caractéristiques premières de chaque nouvelle collection. Ces dernières années, Delvaux a innové en permanence, en collaboration avec différents créateurs qui contribuent à donner une touche contemporaine aux collections classiques et élégantes. Le Studio Delvaux, véritable laboratoire à idées, invite régulièrement des créateurs qui mettent leur talent et leur univers, au service de nouveaux concepts. La créativité de la Maison est le résultat de beaucoup de réflexion et de recherche. Toujours hors des sentiers battus.

ARSENAAL, TUSSEN VERLEDEN EN TOEKOMST

Het roemrijke verleden van Delvaux etaleert zich pagina na pagina in de Gouden Boeken van het Huis. Twee oude boeken waarin alle nieuwe modellen netjes onder elkaar geschetst zijn en van een naam werden voorzien. De boeken zitten opgeborgen in het museum van Delvaux, waar ook wel duizend oude modellen - het oudste dateert van 1887 - verzameld liggen. Dat museum huist in het hoofdkwartier van het luxehuis, in het Arsenaal van Brussel. Maar deze plek ademt ook de know-how, de kwaliteit en de kennis van vandaag uit. Hier werken de vakmannen in het atelier de schetsen uit van de ontwerpers, hier liggen de mooiste leersoorten van de wereld bijeen, hier creëren artiesten, hier klopt het hart van Delvaux.

Kwaliteit is bij Delvaux geen lege doos. Hier wordt de lat voortdurend hoog gelegd, en wel in alle departementen van het Huis. De vakmannen maken gebruik van een uitgebreide waaier leersoorten die zonder uitzondering van de allerbeste kwaliteit zijn. Of het nu gaat om klassieke leersoorten zoals kalf, lam of geit, of exotische leersoorten zoals struisvogel, hagedis, alligator of zalm. Alvorens een nieuwe leersoort op te nemen in de collecties, test Delvaux ze maandenlang in het laboratorium, in samenwerking met de beste leerlooiers van Europa. Met behulp van speciale laboratoriumtests gaat men na in welke mate het leer bestand is tegen water, licht en wrijving. Wordt een leersoort geselecteerd, dan gaat Delvaux enkel en alleen voor het beste deel van de huiden. Door de jaren heen hebben de 'artisans' hun technieken steeds verder verfijnd. Ze willen immers grenzen blijven verleggen. Een mooi voorbeeld is de Toile de Cuir, een doek geweven op basis van verschillende leersoorten. Delvaux ontwikkelde dit materiaal exclusief voor lederwaren. Een unicum in de branche.

Kwaliteit en creativiteit zijn twee paswoorden die de deur openen naar elke nieuwe collectie. De voorbije decennia is Delvaux blijven innoveren, onder meer door voortdurend samen te werken met nieuwe ontwerpers die er elk op hun manier in slagen om de elegante klassieke collecties een eigentijdse toets mee te geven. Zo nodigt Studio Delvaux, een bijzondere denktank, regelmatig creatieve mensen uit om vanuit hun specifieke talent en hun leefwereld ideeën aan te reiken voor nieuwe concepten. De creativiteit van het Huis is uiteraard het resultaat van veel denkwerk. Maar liefst buiten elk hokje.

THE ENDLESS POSSIBILITIES OF MADE-TO-MEASURE

Today, Delvaux is more than a few handbags for ladies. Every season new collections are introduced, for her and for him. They include handbags and weekend bags, laptop cases and document holders, next to smaller leather goods such as wallets, belts and gloves, ties, scarves and jewellery, and interior and business accessories. All Delvaux products are handmade by a small team of craftsmen and are manufactured in limited editions. Each object contains a certificate with its serial number and signature of the head craftsman.

The best-kept secret at Delvaux is its Exclusive Services, for clients who love made-to-measure all the way. Customers are invited to the heartquarters of Delvaux in Brussels, to discuss their requirements with the designers and craftsmen. A suitcase for your favourite CD's, a bag for your golf clubs? A beauty case? Anything is possible. In addition, customers may visit the Arsenal or certain selected shops with their Delvaux products in order to personalise them, for instance adding their own initials. The ultimate made-to-measure? Delvaux offers its customers the possibility of purchasing a specific hide for their own future creations.

In the world of Delvaux, the story doesn't end when the customer leaves the shop. The after-sales Service is an essential part of the House and its main mission is to prolong the life of existing products. Call it a statement in times of over-the-top consumption. The Arsenal stocks all leathers and all colours – hence reparations and refurbishments are always possible.

LES POSSIBILITÉS DU SUR-MESURE

Delvaux propose aujourd'hui bien plus qu'un sac pour dames. Chaque saison, de nouvelles collections sont lancées, pour elle et pour lui. On y trouve des sacs à main, des sacs weekend, des computer bag et des porte-documents, mais aussi toujours plus de petite maroquinerie, portefeuilles, ceintures et gants, sans oublier les cravates, foulards, bijoux et accessoires d'intérieur ou de bureau. Tous les produits de la Maison sont faits à la main par une petite équipe d'artisans et sont toujours réalisés en tirages limités. Pour preuve, chaque objet reçoit un certificat d'authenticité numéroté avec la signature du maître artisan.

Certains clients ignorent encore que Delvaux peut leur offrir un Service entièrement sur-mesure. Pour ce faire, les clients se rendent à l'Arsenal à Bruxelles et rencontrent directement les créateurs et les artisans de Delvaux. Une housse pour CD, un sac de golf, un beautycase? Tout est faisable. Les modèles des collections Delvaux peuvent également être personnalisés à l'Arsenal et dans certains magasins, et y appliquant par exemple des initiales. Summum de cette customisation? Delvaux offre la possibilité à ses clients d'acquérir une peau de leur choix et d'en réaliser divers articles.

Dans le monde de Delvaux, l'histoire ne se termine pas quand le client sort de la boutique. Le Service après-vente est une partie essentielle de la Maison. Pour contrer la surconsommation de notre époque, la Maison souhaite prolonger la durée de vie de tous ses produits. Et elle en est capable, car elle garde tous ses cuirs (et couleurs) continuellement en stock, de sorte qu'elle peut réparer et rafraîchir tous ses produits.

DE MOGELIJKHEDEN VAN MAATWERK

Delvaux is vandaag meer dan een handtas voor dames. Ieder seizoen worden nieuwe collecties gelanceerd, voor haar en voor hem. Er zijn handtassen en weekendtassen, laptoptassen en documentenhouders maar ook steeds meer kleinere lederwaren zoals portefeuilles, riemen en handschoenen, naast dassen, foulards, juwelen en hebbedingen voor kantoor of thuis. Alle producten van Delvaux zijn met de hand gemaakt door een klein team van vaklui en worden steeds in beperkte oplages geproduceerd. Als bewijs hiervan krijgt elk object een eigen genummerd echtheidscertificaat met de handtekening van de meester-ambachtsman.

Wat vele klanten niet weten, is dat Delvaux ook totaalmaatwerk aan kan. Hiervoor nodigt het Huis de klanten uit naar het Arsenaal in Brussel om er hun wensen rechtstreeks te bespreken met de ontwerpers en de vaklui van Delvaux. Een opbergkoffer voor CD's, een tas voor golfclubs, een beautycase? Kan allemaal. Bovendien kunnen de klanten naar het Arsenaal en bepaalde winkels komen met Delvaux producten die ze wensen te personaliseren door er bijvoorbeeld hun initialen op aan te brengen. Het summum van deze vorm van customizing? Klanten krijgen de kans een leren huid naar keuze te kopen en daaruit diverse creaties te laten maken.

Het mag gezegd: in de wereld van Delvaux eindigt het verhaal niet wanneer de klant de winkel uitstapt. De Service na verkoop is een essentieel onderdeel van de werking van het Huis. Delvaux neemt positie in een wereld van overconsumptie. Het Huis wil de levensduur van al zijn producten verlengen. Het Huis kan dat ook, omdat het al zijn leersoorten (én kleuren) continu op voorraad heeft, zodat herstellingen en opfrissingen altijd mogelijk blijven.

Delvaux, a globetrotter

Does it come as a surprise that other countries have discovered Delvaux? Countries like Japan and the US adored this Belgian luxury House already by the time Solange Schwennicke was in charge. The know-how, the long history, the close connections with the Court of Belgium but also the interesting mix between tradition and innovation have given Delvaux its international allure. Even the exclusive e-Shop (to be reached via the website www.delvaux.com) has made the world a bit smaller.

Delvaux comme globe trotteur

Rien d'étonnant à ce que d'autres pays aient également découvert Delvaux! Déjà du temps de Solange Schwennicke, des pays comme le Japon et les Etats-Unis étaient séduits par la Maison de luxe belge. Le savoir-faire, la longue histoire, le lien avec la famille royale, mais aussi le mélange intéressant de tradition et d'innovation ont permis à Delvaux d'être également apprécié en dehors des frontières belges. Désormais, l'e-Shop exclusif, accessible via le site www.delvaux.com, a rendu le monde un peu plus petit.

Delvaux als wereldreiziger

Kan het verbazen dat ook andere landen Delvaux ontdekken? Landen als Japan en de VS waren ten tijde van Solange Schwennicke al in de ban van het Belgische luxelederwarenhuis. De vakkennis, de lange geschiedenis, de link naar het koningshuis maar ook de boeiende mix tussen traditie en innovatie zorgde ervoor dat Delvaux buiten de grenzen meer dan geapprecieerd werd. Ook de exclusieve e-Shop, toegankelijk via de website www.delvaux.com heeft ervoor gezorgd dat de wereld een stukje kleiner is geworden.

DÖTTLING

The Luxury of Safety

Although the family company Döttling - established in 1919 in Maichingen, South Germany and currently managed by a representative of the fourth generation, Markus Döttling - is without doubt an icon of tradition, its history fades into nothingness compared to many of the products that leave its workshop. Döttling specialises in renovating classic safes that are often far older than the company itself.

Le Luxe de la Sûreté

L'entreprise familiale Döttling – établie depuis 1919 à Maichingen dans le sud de l'Allemagne et aujourd'hui gérée par un représentant de la quatrième génération, Markus Döttling- peut incontestablement être qualifiée de traditionnelle mais l'histoire de l'entreprise pâlit devant l'ancienneté des nombreux produits qui sortent du bâtiment. Une spécialité de Döttling est en effet la restauration des coffres-forts classiques qui sont assez souvent bien plus âgés que l'entreprise elle-même.

De Luxe van Zekerheid

Hoewel het familiebedrijf Döttling -al sinds 1919 gevestigd in het Zuid Duitse Maichingen en tegenwoordig geleid door een vertegenwoordiger van de vierde generatie, Markus Döttling- zonder meer als traditioneel mag worden bestempeld, valt de geschiedenis van het bedrijf in het niet bij veel van de producten die het pand verlaten. Een specialiteit van Döttling betreft namelijk het restaureren van klassieke kluizen die niet zelden heel wat ouder zijn dan de vele jaren die Döttling telt.

www.doettling.com

The unique "Legends" series consists of highly exclusive antique safes, lovingly restored to become modern eyewitnesses of historic craftsmanship. Whether an early 20th century Wilhelminian security cabinet, a mid-19th century Napoleonic coffre-fort or a work commissioned by the last Medici of Milan c. 1770, each antique safe that leaves the Döttling workshop is an absolute one-of-a-kind piece. The future owner decides on its outward appearance and inner workings step by step in personal consultation with Markus Döttling. Not only are the specific requirements of the customer discussed during these meetings, a detailed analysis of several factors such as lifestyle, furnishings and the background of the client, takes place which will determine the future outward appearance and interior design of the safe.

After a restoration project that may last between one and two and a half years, with Döttling's traditional locksmiths still working according to the methods of their former Prussian colleagues, the safe will result in an impressive steel monument, finished off in, for example, high-gloss Chinese lacquer ware or a fascinating wooden pattern.

Ces coffres-forts uniques, baptisés série « Legends », font partie d'une série exclusive de coffres-forts antiques que Döttling restaure à la main avec une patience infinie afin de rendre un hommage moderne à l'expertise historique. Que ce soit un coffre-fort Guillaume II du début du 20ème siècle, un coffre-fort napoléonien du milieu du 19ème siècle ou encore un coffre-fort fabriqué vers 1770 à la demande du dernier des Medici à Milan : chacun des coffres-forts antiques qui sort de l'atelier Döttling est une pièce unique dans son genre. Le futur propriétaire décide en effet pas à pas de l'apparence de l'extérieur comme de l'intérieur en une concertation personnalisée avec Markus Döttling. Lors de ces échanges, les souhaits spécifiques du client sont non seulement pris en compte mais on réalise en outre une analyse détaillée des facteurs divers comme le style de vie, les meubles et le passé de l'acheteur, tous ces facteurs étant déterminants pour l'apparence extérieure et le design intérieur futurs du coffre-fort.

A la fin d'un projet de restauration pouvant durer d'une année à parfois deux ans et demi, et pour lequel les serruriers artisans de Döttling travaillent encore dans la tradition de leurs collègues Prussiens d'autrefois, le résultat est là : un monument imposant en acier, recouvert par exemple d'une magnifique laque de Chine brillante ou d'un motif en bois fascinant.

Deze unieke kluizen, de "Legends"-serie gedoopt, bestaat uit een exclusieve reeks van antieke brandkasten die Döttling handmatig en met een eindeloos geduld restaureert als een modern eerbetoon aan historisch vakmanschap. Of het nu een Wilhelm IIe kluis betreft uit het begin van de 20ste eeuw, een Napoleontische coffre-fort uit het midden van de 19de eeuw of een brandkast die rond 1770 nog is gemaakt in opdracht van de laatste Medici in Milaan; iedere antieke kluis die wordt afgeleverd door Döttling is volstrekt uniek in zijn soort. Dat geldt zowel voor het buitenaanzicht als het interieur, omdat beiden geheel worden bepaald door de toekomstige eigenaar. De keuzes die hierbij gemaakt dienen te worden gebeuren stap voor stap in een persoonlijk overleg met Markus Döttling. Tijdens deze meetings worden niet alleen de specifieke wensen van de klant in kaart gebracht, maar vindt ook een gedetailleerde analyse plaats van diverse factoren als lifestyle, meubels en achtergrond van de koper, welke het toekomstige uiterlijk en innerlijk van de brandkast uiteindelijk zullen bepalen.

Aan het einde van een tot tweeëneenhalf jaar durend restauratieproject, waarbij de ambachtelijke slotenmakers van Döttling nog werken in de traditie van hun vroegere Pruisische vakgenoten, zal dit uiteindelijk resulteren in een imposant stalen monument, voorzien van bijvoorbeeld hoogglans Chinese lak of een fascinerend houtdecor.

 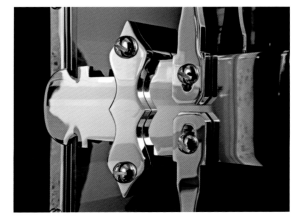 

Finding the safe

Daily, specialised Döttling scouts travel all over the world in a search of rare antique safes. Even those that appear to be in an extremely poor condition, may still interest Markus Döttling. "Initially, the key factors are for the structure of the frame, the basic functions and the characteristic design elements of the safe to be still intact. If all these elements are in good order, the safe can be fully restored by our specialists and restorers", says the CEO.

Although the number and availability of antique safes is extremely limited, there are no limits to the interior fittings: humidors, cocktail bars, jewellery compartments, watch winders, collector cabinets, lockable drawers... The only premise is the customer's personal passion and interests. All of the "Legends" safes are alike in only one aspect: they are the grand expression of a lifestyle reserved for only a few.

A la recherche du coffre-fort

Tous les jours, les scouts spécialisés de Döttling courent le monde entier à la recherche de coffres-forts antiques et rares. Même les exemplaires se trouvant en apparence dans un état déplorable, peuvent attirer l'attention de Markus Döttling. « En principe, il suffit que la structure de la charpente, les fonctions de base et les éléments caractéristiques du design du coffre-fort soient intacts. Si tel est le cas, le coffre-fort peut être alors restauré par nos spécialistes et restaurateurs », raconte le PDG.

Bien que le nombre de coffres-forts antiques disponibles soit extrêmement limité, les variantes de décors intérieurs ne connaissent pas de limites: armoire à cigares, bars à cocktails, tiroirs pour bijoux, armoire pour montres, vitrines d'exposition, tiroirs fermant à clé..... Les seuls facteurs déterminants, selon Döttling, sont la passion et les centres d'intérêt du client. Tous les coffres-forts Legends se ressemblent sur un seul point : ils reflètent tous et de façon exceptionnelle un style de vie que seuls les heureux élus peuvent se permettre.

Op zoek naar de kluis

Dagelijks reizen gespecialiseerde scouts van Döttling de wereld rond om de zeldzame antieke kluizen op te sporen. Zelfs exemplaren die schijnbaar in een zeer slechte conditie verkeren kunnen de interesse van Markus Döttling prikkelen. "In beginsel is het alleen belangrijk dat de skeletstructuur, de basisfuncties en de karakteristieke designelementen van de brandkast intact zijn. Als die zaken in orde zijn, dan kan de brandkast volledig worden hersteld door onze specialisten en restaurateurs", zo vertelt de CEO.

Hoewel het aantal beschikbare antieke brandkasten natuurlijk zéér gelimiteerd is, kent het aantal designvarianten voor het interieur geen grenzen: humidors, cocktailbars, juwelenlades, horlogewinders, vitrines om verzamelingen uit te stallen, afsluitbare lades... De enige bepalende factoren, aldus Döttling, vormen de hartstocht en interesses van de klant. Toch is er een element dat voor álle "Legends"-kluizen geldt: ze vormen stuk voor stuk een statige expressie van een levensstijl die slechts weinigen zich kunnen veroorloven.

Modern safety

At the customer's request, the restored antique masterpieces may also be equipped with the most modern security features. Döttling is able to implement these to such an extent that the safes not only remain a feast for the eye, but simultaneously meet the highest practical requirements with which a secure safe should comply. Markus Döttling: "We realise this with the aid of state-of-the-art technology and the finest craftsmanship."

Sécurité moderne

Sur demande, les ouvrages antiques restaurés peuvent naturellement être équipés des dispositifs de sécurité les plus modernes. Döttling peut en outre les intégrer de telle façon que les coffres-forts restent un régal pour les yeux mais répondent en même temps aux exigences pratiques les plus élevées qu'on peut attendre d'un coffre-fort fiable. Markus Döttling : « Nous utilisons pour cela une technologie de pointe et les meilleurs artisans. »

Moderne veiligheid

Op verzoek kunnen de gerestaureerde antieke meesterwerken natuurlijk ook worden uitgerust met de modernste veiligheidsvoorzieningen. Döttling kan dit bovendien op zo'n manier implementeren, dat de brandkasten niet alleen een lust voor het oog blijven, maar tegelijkertijd voldoen aan de allerhoogste praktische eisen die men aan een veilige kluis kan stellen. Markus Döttling: "Wij maken hierbij gebruik van state-of-the-art technologie en onderdelen, welke worden ingebouwd door de beste vakmensen."

Secured in luxury

The Bel-Air is the first high-security, luxury-class safe, distinguished by absolute perfection. More than two years were required to develop a safe that would set a new world-wide standard.

The Bel-Air is visually inspired by upper-class travelling cases, dating back to 1900, but is perfectly in keeping with today's society. With a solid steel frame of approximately 800 kilos and an electronic locking system from Döttling developed in-house, this safe fulfils the highest security requirements.

As the craftsmen exclusively use the finest materials for its appearance and interior, it elevates the safe to an aesthetic masterpiece. The sky is the limit when it comes to the finishings. Top quality calves leather, reptile leather, in every colour possible, Egyptian canvas, zebra skin print or even real bird feathers... It has all been implemented before by Döttling's tanners. To optimally bring justice to these materials, they are manually processed, from cutting and adding the finishing touches to the edges to the sewing and needlework.

The Bel-Air is built according to the most rigorous German industry standards, proving that a stunning appearance should not be at the expense of functionality and safety. The patented plating of the safe is made of thermally treated ceramic sintering with a hardness grade of 9 (out of 10), whilst the electronic locking system offers a number of security features along with unexcelled convenience.

Aside from restoring antique safes according to the traditional methods and the production of the highly luxurious Bel-Air, Markus Döttling does not lose sight of the purely functional requirements of customers. Specifically aimed at this group, the company developed The Chameleon, a practical safe that may be tailored to every desired dimension, and which includes a swing door which disappears inside the safe when opened.

"I received regular requests to design a safe that could be integrated into existing openings in walls, as well as small spaces, for example on board a yacht. The Chameleon is in response to this request."

Conservé dans le luxe

Le Bel-Air est le premier coffre-fort haute sécurité au monde dans le segment du luxe, qui se distingue par sa perfection. Plus de deux ans de développement ont été nécessaires pour concevoir un coffre-fort qui définissait une nouvelle norme mondiale.

Le Bel-Air est visuellement inspiré des valises de la « haute bourgeoisie » du début du 20ème siècle, mais correspond aujourd'hui encore parfaitement au goût de l'élite. Avec une structure solide en acier de plus de 800 kilos et un système de verrouillage électronique signé Döttling, conçu dans les propres ateliers, ce coffre-fort répond aux plus hautes exigences de sécurité.

L'extérieur tout comme l'intérieur du coffre sont une véritable oeuvre d'art esthétique car les artisans n'utilisent que les plus beaux matériaux. Quant à la finition : tout est possible. Depuis le cuir de veau ou de reptile, de qualité exceptionnelle et dans toutes les couleurs imaginables, en passant par la toile au voile Egyptien, de la peau de zèbre et même des vraies plumes d'oiseau.....tous ces matériaux ont déjà été utilisé par les tanneurs de Döttling. Pour mettre leurs qualités au maximum en valeur, le traitement de ces matériaux se fait entièrement à la main : la coupe et la finition des bordures en passant par les coutures et les applications.

Le Bel-Air démontre qu'une belle apparence n'est pas en contradiction avec une fonctionnalité ou une grande sécurité car ce coffre-fort répond aux normes industrielles allemandes les plus strictes. Le blindage breveté du coffre contient de l'aggloméré de céramique vulcanisée, avec un degré de dureté de 9 (10 est le maximum absolu) alors que le système de verrouillage électronique combine beaucoup de fonctions pour une grande facilité d'emploi.

En plus de la restauration artisanale des coffres-forts antiques et de la production du très luxueux Bel-Air, Markus Döttling sait très bien que ses clients ont aussi des souhaits uniquement fixés sur la fonctionnalité. Pour ce groupe, l'entreprise a spécialement conçu The Chameleon, un coffre-fort pratique qui peut être commandé dans toutes les dimensions, avec une porte à tambour qui disparaît dans le coffre-fort quand on l'ouvre.

« Les gens me demandaient souvent de concevoir un coffre-fort qui pourrait être intégré dans des ouvertures existantes dans un mur, mais aussi dans des petits espaces comme, par exemple, à bord d'un yacht. The Chameleon est la réponse à cette demande. »

Bewaard in luxe

Eenzelfde streven naar perfectie is van toepassing op 's werelds eerste high-security safe in het luxe segment, de "Bel-Air". Ruim twee jaar ontwikkelingstijd waren nodig om een bandkast te ontwikkelen die wereldwijd een nieuwe standaard zette.

De "Bel-Air" is visueel geïnspireerd op de 'upper-class' reiskoffers van rond 1900, maar sluit ook vandaag de dag nog naadloos aan op de smaak van de elite. Met een solide stalen frame van ruim 800 kilo en een in-huis ontwikkeld elektronisch sluitsysteem van Döttling voldoet deze brandkast aan de allerhoogste veiligheidseisen.

Doordat de ambachtslieden uitsluitend gebruik maken van de mooiste materialen voor zowel de buitenkant als de binnenkant van de kast is bovendien sprake van een esthetisch meesterwerk. Voor wat betreft de afwerking is the sky the limit. Topkwaliteit kalfsleder, reptielleder, iedere denkbare kleur, Egyptisch zeildoek, zebrahuid en zelfs echte vogelveren... alles is al eens toegepast door de leerbewerkers van Döttling. Om deze materialen optimaal tot hun recht te laten komen gebeurt de verwerking geheel handmatig, van het snijden en het afwerken van de randen tot het naaiwerk en het aanbrengen ervan. Dat een fraai uiterlijk niet ten koste hoeft te gaan van functionaliteit en veiligheid bewijst het gegeven dat de "Bel-Air" voldoet aan de strengste Duitse industrienormen. De gepatenteerde pantsering van de kluis bevat gevulkaniseerde keramische sinter, met een hardheidsgraag van 9 (waar 10 het absolute maximum is), terwijl het elektronische sluitsysteem vele functies combineert met een groot gebruiksgemak.

Naast het ambachtelijk restaureren van antieke kluizen en de productie van de zeer luxe "Bel-Air" verliest Markus Döttling ook de puur op functie gerichte wensen van klanten niet uit het oog.
Speciaal voor deze groep ontwikkelde het bedrijf "The Chameleon", een praktische kluis die kan worden besteld op ieder gewenst formaat, met een draaideur die bij opening in de kluis verdwijnt.
"Ik werd regelmatig gevraagd om een kluis te ontwikkelen die geïntegreerd zou kunnen worden in bestaande openingen in een muur, maar ook in kleine ruimtes, zoals bijvoorbeeld aan boord van een jacht. "The Chameleon" is het antwoord op dit verzoek."

HENK

Happiness on Six Wheels

"Life has a lot of irritation. And some of my irritation is luggage," says Dutch businessman Henk van de Meene. It was dissatisfaction at the suitcases he used during his frequent trips around the world – specifically, one snowy New York morning in 1991 when he landed with heavy luggage at a porter-less LaGuardia airport at the height of the Christmas rush - that promoted his resolve to design a suitcase himself.

Not just any suitcase mind you; the perfect suitcase. "When I can't buy something I really want, I make it myself. My aim is just to be happy and have fun," he says. He assembled a team of experienced designers and engineers to develop the ultimate carrying case, one that would fulfil the needs and desires of business people and international travellers with style, convenience, luxury and efficiency.

They delved into the worlds of high-tech aeronautic and Formula 1 materials, hired ergonomics experts, experimented endlessly with turning circles and weight distribution as they strove to create the perfect balance between essential yet contradictory demands: to create an extremely strong case which would not only be functional and very comfortable, but also a real eye-catcher.

Le Bonheur à Six Roues

"La vie est pleine de contrariétés. Et mes bagages en sont l'une d'elles," dit l'homme d'affaires néerlandais Henk van de Meene. Celui-ci n'était pas satisfait des valises qu'il utilisait lors de ses fréquents voyages autour du monde – en particulier un matin enneigé à New York en 1991, lorsqu'il doit atterrir avec de lourds bagages à l'aéroport de La Guardia sans pouvoir trouver de porteur au moment de la ruée de Noël.

Cela l'incita à concevoir une valise lui-même. Pas n'importe quelle valise, remarquez, la valise parfaite. "Quand je ne peux pas acheter ce que je veux, je le fabrique moi-même. Mon but dans la vie est simplement d'être heureux et d'avoir du plaisir," dit-il.

Il a donc constitué toute une équipe de designers et d'ingénieurs expérimentés pour concevoir LA valise par excellence, celle qui répondrait aux besoins et aux désirs des hommes d'affaires et des voyageurs internationaux alliant style, commodité, luxe et efficacité.

Ils se sont inspirés de l'aéronautique high-tech et des matériaux ultra modernes utilisés en Formule 1, ils ont engagé des experts en ergonomie, ont répété sans cesse des expériences de rayons de braquage et de répartition du poids. Le but étant d'obtenir un équilibre parfait entre des exigences essentielles, bien que contradictoires: créer une valise extrêmement solide non seulement fonctionnelle et très confortable, mais aussi un objet de convoitise.

Geluk op Zes Wielen

"Het leven zit vol ergernissen. En één daarvan is voor mij bagage", zegt de Nederlandse zakenman Henk van de Meene. Het was ontevredenheid over de koffers die hij gebruikte op zijn vele reizen om de wereld die hem ertoe aanzette zelf een koffer te ontwerpen. Een winterse ochtend in 1991, toen hij met zijn zware bagage landde op de kruierloze LaGuardia-luchthaven, in het met sneeuw bedekte New York middenin de kerstdrukte, gaf hem het laatste duwtje in de rug. Niet zo maar een koffer, weliswaar, maar de perfecte koffer. "Als ik niet kan kopen wat ik echt wil, dan maak ik het zelf. Ik wil alleen maar gelukkig zijn en plezier beleven", zegt hij.

Hij bracht een team ervaren ontwerpers en ingenieurs bijeen om deze ultieme koffer te ontwikkelen, eentje die tegemoet zou komen aan de behoeften en wensen van zakenmensen en internationale reizigers, en die gekenmerkt zou zijn door stijl, handigheid, luxe en doeltreffendheid.

Ze inspireerden zich op de wereld van de geavanceerde materialen uit de lucht- en ruimtevaart en de Formule 1-wereld, huurden ergonomie-experts in en experimenteerden eindeloos met draaicirkels en gewichtsverdeling op zoek naar het perfecte evenwicht tussen essentiële maar tegenstrijdige eisen van een zeer sterke koffer die niet enkel functioneel en zeer comfortabel moest zijn, maar die ook in het oog moest springen.

www.henk.com

BEAUTY, UNCOMPROMISED

No expense would be spared, and no corners cut. The highly regarded Californian agency Frog Design (of Apple fame) were drafted in to give form to this emerging technological marvel.

It took more than a decade and in excess of 10 million euros in development costs, but the result – the HENK Travelfriend - is the most uncompromising item of hand luggage systems ever made; a beautiful and supremely comfortable all-in-one travelling system, and an instant modern classic.

Incredibly, after all the effort and expense, only the single suitcase was made – for Henk himself. It was only when he kept getting stopped by fellow travellers asking where they could get one for themselves that he decided to put them into production.

Handmade in the Netherlands to an innovative and strikingly retro-futuristic design, HENK is unique and unmistakeably exclusive. "It would have been cheaper to make them elsewhere," says Van de Meene. "But I could not keep everything under control. Having it made here, I can."

LA BEAUTÉ SANS CONCESSION

Ni les dépenses ni les efforts n'ont été épargnés. L'agence californienne très réputée Frog Design, (qui a fait la renommée d'Apple) a été désignée pour donner forme à cette merveille de technologie naissante.

Il a fallu plus d'une décennie et plus de 10 millions d'euros en frais de développement, mais le résultat est là : le HENK Travelfriend, un article le plus pur des systèmes de bagages à main jamais fabriqué, un superbe système de voyage tout-en-un, extrêmement confortable et devenu sur le champ un classique moderne.

Ce qui est incroyable, c'est qu'après tous ces efforts et ces dépenses, il n'ait été fabriqué qu'une seule valise – pour Henk lui-même. Après avoir été constamment arrêté par d'autres voyageurs qui lui demandaient où se procurer cette valise, il a alors décidé de les mettre en production.

Faite à la main aux Pays-Bas, dans un design novateur et extrêmement rétro-futuriste, HENK est unique et indéniablement chic. « Cela aurait été moins cher de les fabriquer ailleurs, » dit Van de Meene. « Mais je n'aurais pas pu tout contrôler. Le fait de les faire fabriquer ici a rendu cela possible. »

COMPROMISLOZE SCHOONHEID

Kosten noch moeite werden gespaard. Het gerenommeerde Californische bureau Frog Design (bekend van Apple) werd ingeschakeld om dit nieuwe technologische wonder vorm te geven.

Het duurde langer dan een decennium en de ontwikkelingskosten liepen op tot meer dan 10 miljoen euro, maar het resultaat – de HENK "Travelfriend" – is het meest compromisloze stuk handbagage dat ooit werd gemaakt; een mooi en zeer comfortabel multifunctioneel reissysteem dat onmiddellijk een moderne klassieker is geworden.

Ongelooflijk maar waar, na alle inspanningen en kosten, werd maar één valies gemaakt, voor Henk zelf. Het was pas nadat hij vragen kreeg van medereizigers over waar ze er zelf zo één konden kopen, dat hij besloot om ze te gaan produceren.

De met de hand in Nederland gebouwde HENK, met zijn innoverend en typisch retro-futuristische design, is uniek en onmiskenbaar exclusief. "Het zou goedkoper geweest zijn om ze elders te maken", zegt Van de Meene. "Maar dan zou ik niet alles onder controle hebben kunnen houden. Als ik ze hier laat maken, kan ik dat wel."

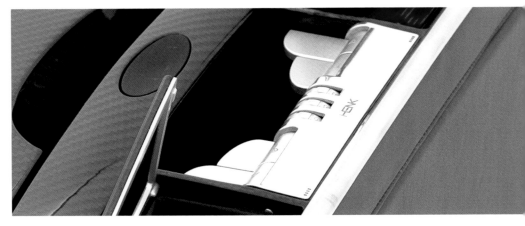

UNIQUE

The HENK Travelfriend is an on-board trolley with a 30-litre interior (the biggest on the market that still meets IATA dimensions), making it the perfect size to carry everything you need for a short business trip. The interior can be made into two compartments with a flexible divider, and a leather sleeve insert can be ordered separately to carry documents and magazines.

Its mechanisms have the smoothness and ingenuity of a Bond gadget; press an ebony button on the handle, pull up the handle, and two 16 cm (6 1/4") diameter wheels emerge noiselessly from within the case, like landing gear emerging from an airplane.

When fully deployed, the case is so finely balanced that, when pulled, it feels almost weightless. Even fully loaded it exerts only 25 grams of pressure on one's fingers. That means you can command its motions literally with a single fingertip. It's so easy to manoeuvre that it might as well not be there.

UNIQUE

Le HENK Travelfriend est un trolley cabine avec un volume intérieur de 30 litres (le plus gros sur le marché qui satisfait toujours aux dimensions de l'IATA), ayant la taille parfaite pour transporter tout ce dont vous avez besoin pour un petit voyage d'affaires.

L'intérieur peut être transformé en deux compartiments grâce un panneau de division flexible, et une pochette en cuir peut être commandée séparément pour transporter des documents et des magazines.

Ses mécanismes ont la régularité et l'ingéniosité d'un gadget de James Bond: poussez sur un bouton en ébène sur la poignée, remontez la poignée et deux roues d'un diamètre de 16 cm (6 1/4") sortent sans faire de bruit de l'intérieur de la valise, comme le train d'atterrissage sortant d'un avion.

Une fois les roues complètement déployées, la valise a un tel équilibre qu'elle semble aussi légère qu'une plume quand on la tire. Même entièrement remplie, elle exerce seulement 25 grammes de pression sur les doigts. Ce qui signifie que vous pouvez l'actionner presque du bout des doigts. Elle est si facile à manœuvrer qu'on ne la remarque plus.

UNIEK

De HENK "Travelfriend" is een koffer met een inhoud van 30 liter die als handbagage wordt beschouwd (de grootste op de markt die toch beantwoordt aan de IATA-afmetingen), wat de perfecte omvang is om alles mee te nemen wat iemand nodig heeft op een korte zakenreis.

De binnenkant kan worden onderverdeeld in twee compartimenten met een flexibel tussenschot, en er kan apart een lederen inleg-etui worden besteld voor documenten en tijdschriften.

De mechanismen zijn even glad en vernuftig als een Bond-gadget; druk op een ebbenhouten knop van de handgreep, trek de handgreep uit en er komen twee wieltjes met een diameter van 16 cm (6 ¼ ") uit de koffer naar buiten, net als een landingsgestel dat uit een vliegtuig schuift.

Wanneer ze volledig uitgevouwen zijn, is de valies zo goed in evenwicht dat ze bijna gewichtloos lijkt bij het voorttrekken.

Zelfs volledig geladen oefent ze een druk uit van slechts 25 gram op de vingers. Dat betekent dat de bewegingen letterlijk met één vingertop gestuurd kunnen worden. Ze is zo wendbaar dat men het gevoel heeft dat ze er niet is.

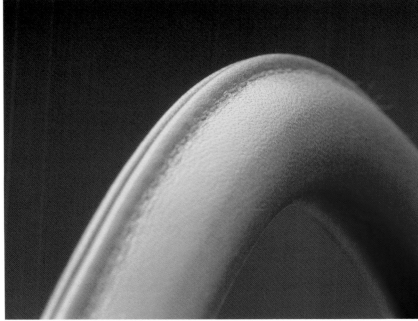

INFINITE CUSTOMIZATION

Each suitcase is hand-made to order by a small team of craftsmen in a small workshop on the Dutch coast. They are assembled with such care, skill and attention to detail that it takes around a month to execute and check each step before finishing each Travelfriend. Because of this only 200-300 a year are made.
Its materials are exotic, its engineering elegant. Each case consists of 500 separate parts (22 of them moving). Only the highest-grade materials are used such as aircraft-quality carbon fibre, titanium, magnesium, aluminium and ebony.
The interior is made of the finest wood veneer, combined with horsehair, leather or special hi-tech fibres. The case is streamlined, with no protruding parts, and each one made is infinitely customisable to the individual desires of the customer. Even the machines used in their production were specially built for HENK.

FABRICATION SUR MESURE SANS LIMITE

Chacune des valises faites à la main se commande auprès d'une petite équipe d'artisans qui les réalisent dans un petit atelier de la côte néerlandaise. Elles sont assemblées avec un tel soin, une telle habileté et une telle attention pour les détails qu'il faut environ un mois pour réaliser et vérifier chaque étape avant de terminer chaque Travelfriend. C'est pourqoui on en fabrique que 200 à 300 par an.
Ses matériaux sont exotiques, sa mécanique élégante. Chaque valise est composée de 500 pièces différentes (22 d'entre elles sont mobiles). On utilise uniquement des matériaux de qualité supérieure comme les fibres de carbone de la qualité de celles utilisées dans l'aviation, du titane, du magnésium, de l'aluminium et de l'ébène.
L'intérieur est fait à partir du placage en bois le plus fin, combiné à du crin de cheval, du cuir et des fibres high-tech spéciales. La valise est aérodynamique, sans aspérités, et chacune d'elles est réalisée sur mesure et sans aucune restriction quant aux désirs individuels du client. Les machines utilisées pour la production ont été même spécialement conçues pour HENK.

EINDELOZE MOGELIJKHEDEN TOT PERSONALISEREN

Alle koffers worden op bestelling met de hand gemaakt door een klein team vaklieden in een ateliertje aan de Nederlandse kust. Ze worden met zoveel zorg, vaardigheid en aandacht voor detail geassembleerd, dat het ongeveer een maand duurt vóór elke stap uitgevoerd en gecontroleerd is en elke "Travelfriend" afgewerkt is. Daardoor worden er ook slechts 200 tot 300 per jaar gemaakt.
De gebruikte materialen zijn exotisch, de vormgeving elegant. Elke koffer bestaat uit 500 afzonderlijke delen (22 ervan zijn beweegbaar). Er wordt enkel gebruik gemaakt van de beste materialen zoals koolstofvezel van vliegtuigkwaliteit, titanium, magnesium, aluminium en ebbenhout.
De binnenkant is vervaardigd uit het beste houtfineer, gecombineerd met paardenhaar, leder of speciale hightech vezels. De koffer is gestroomlijnd, zonder uitstekende delen, en elk exemplaar dat wordt gemaakt, kan eindeloos aangepast worden aan de eigen wensen van de klant. Zelfs de machines die worden gebruikt voor de productie, werden speciaal voor HENK gebouwd.

Carbon Monocoque

At the heart of the invention and the key to its phenomenal strength (you can sit on it) and astonishing lightness is its carbon-fibre composite shell, baked in an autoclave oven like the cockpit of a Formula 1 car.
The Travelfriend's innovative use of six wheels creates maximum stability and ease of use: four small wheels allow easy manoeuvring within the airplane, while the two retractable titanium wheels have a diameter of 16 cm and are open-centred. The position of the wheels is optimised for stability. The telescopic handle disappears entirely and the wheels retract easily into their special compartments.
"When you travel with a HENK, you don't hear the irritating clickety-clackety of the wheels; mine make no noise," says Van de Meene. " Also, the centre of gravity is so well balanced that you can always walk with it and not catch your feet. You can sit on it –and read a newspaper - there's so much waiting when travelling. I see it as my one-handed friend."

Monocoque en carbone

Au cœur de l'invention : une coque en composite de fibres de carbone, cuite dans un four autoclave comme le cockpit d'une Formule 1, la clé d'une solidité phénoménale (vous pouvez vous asseoir dessus) et d'une légèreté étonnante.
L'utilisation innovante des six roues du Travelfriend crée une stabilité maximum et une facilité dans l'utilisation: quatre petites roues vous permettent de manœuvrer facilement dans l'avion, alors que les deux roues rétractables en titane ont un diamètre de 16 centimètres et sont ouvertes au milieu. La position des roues a été optimisée pour obtenir une stabilité maximum. La poignée télescopique disparaît entièrement et les roues rentrent facilement dans leur compartiment.
« Quand vous voyagez avec une HENK, vous n'entendez pas le cliquetis irritant des roues, la mienne ne fait pas de bruit, » dit Van de Meene. « Le centre de gravité est également si bien équilibré que vous pouvez toujours marcher avec, sans vous blesser les pieds. Vous pouvez vous asseoir dessus – et lire un journal – il y tant de temps d'attente quand on voyage. Je la considère comme mon amie à un seul bras. »

Koolstof monocoque

De kern van de uitvinding en de sleutel tot de fenomenale sterkte van de koffer (men kan erop gaan zitten) en haar verbazingwekkende lichtheid is de schaal die vervaardigd is uit koolstofvezelcomposiet, gebakken in een autoclaafoven zoals de cockpit van een Formule 1-bolide.
Het innoverende gebruik door de "Travelfriend" van zes wielen creëert een maximum aan stabiliteit en gebruiksgemak. Vier kleine wielen zorgen voor manoeuvreerbaarheid binnenin een vliegtuig en worden gecombineerd met twee inklapbare titaniumwielen met een diameter van 16 cm, die open zijn in het midden. De wielen zijn zodanig geplaatst dat de stabiliteit van de koffer optimaal is. De telescopische handgreep verdwijnt volledig en de wielen kunnen gemakkelijk in hun speciale compartimenten inklappen.
"Wanneer u met een HENK reist, hoort u niet het irriterende geklik van de wieltjes; die van mij maken geen geluid", zegt Van de Meene. "Het zwaartepunt is zo goed uitgebalanceerd dat u er altijd mee kan lopen zonder dat ze uw voeten raken. U kunt erop zitten – en de krant lezen – want tijdens het reizen moet er zo veel gewacht worden. Ik zie deze koffer als mijn eenarmige vriend."

Wow! Factor

His own personal HENK is very simple; black from the outside, because "I like to travel with a low profile." Inside is where the 'wow!' factor is: bright red elements. "It's fun, it gives me pleasure and adds a bit of sunshine to life." Unlike the majority of luxury goods created today, HENK made a product first, not the brand, points out Van de Meene. "I developed it from scratch based on my own ideas and all of our effort has gone into production of something functional that will give you a lifetime (guaranteed) of happiness."

He adds that the huge investment in the suitcase has essentially created a platform for making exclusive items that can be extended. The first such extension is the HENK Briefcase. Available in two- and four compartments, this stylish briefcase is designed to carry a laptop, phone or BlackBerry and all your work documents.

It's available for both men and women in a wide range of leathers and colours to match your Travelfriend. A similarly exclusive yet functional garment bag and business card holder will be next.

It's been a Titanic effort to make such an extraordinary product, for the design team as well as Van de Meene. "The developer and the investor always hate each other; the developer never wants to release the product, the investor wants it released as soon as possible. Being both, I had a lot of internal conflict as a result - but I have to say, the developer in me always won!"

Le facteur Waouw!

Sa propre HENK : noire à l'extérieur, parce que « J'aime voyager sans me faire remarquer. » L'intérieur est l'endroit où se trouve le facteur 'waouw!': des éléments rouge vif. « C'est amusant, cela me donne du plaisir et cela apporte un petit rayon de soleil dans ma vie. »

Contrairement à la majorité des objets de luxe créés aujourd'hui, HENK a fabriqué d'abord un produit avant que de fabriquer une marque, indique Van de Meene. « Je l'ai développée à partir de zéro et me basant sur mes propres idées et tous ces efforts se sont transformés en quelque chose de fonctionnel qui vous donnera une vie entière (garantie) de bonheur. »

Il ajoute que l'investissement énorme dans la valise a essentiellement créé une plate-forme pour faire des articles exclusifs, plate-forme pouvant être élargie. La première de ces extensions est la serviette HENK. Disponible avec deux ou quatre compartiments, cette serviette stylée est conçue pour transporter un ordinateur portable, un téléphone ou un Black Berry et tous vos documents de travail. Elle existe pour homme et pour femme dans une large gamme de cuirs et de coloris assortis à votre Travelfriend. Les prochaines créations seront une housse pour vêtements et un porte-cartes de visite tout aussi exclusifs et fonctionnels.

L'effort a été titanesque pour fabriquer un produit si extraordinaire, aussi bien pour l'équipe du design que pour Van de Meene. « Le concepteur et l'investisseur se détestent toujours : le concepteur ne veut jamais mettre le produit en vente alors que l'investisseur veut qu'il soit mis en vente le plus vite possible. Comme j'étais les deux à la fois, j'ai connu de nombreux conflits internes – mais je dois dire que le concepteur en moi a toujours gagné ! »

De Wow! Factor

Zijn eigen HENK is heel eenvoudig, zwart langs de buitenkant, want "ik reis graag onopvallend." De wow-factor zit binnenin: felrode elementen. "Het is leuk, schenkt mij plezier en brengt een beetje zonneschijn in mijn leven." In tegenstelling tot de meeste luxegoederen die vandaag gemaakt worden, maakte HENK eerst een product en geen merk, zegt Van de Meene. "Ik ontwikkelde het van nul op basis van mijn eigen ideeën en al onze inspanningen zijn gegaan naar het produceren van iets functioneels waar u (gegarandeerd) een leven lang plezier van hebt."

Hij voegt eraan toe dat de enorme investering in de koffer in essentie een platform heeft gecreëerd voor het maken van exclusieve goederen, dat uitgebreid kan worden. De eerste uitbreiding is de attachécase van HENK. Deze stijlvolle tas, beschikbaar met twee en vier compartimenten, is ontworpen om plaats te bieden aan een laptop, telefoon of BlackBerry en al uw werkdocumenten. Ze is beschikbaar zowel voor mannen als voor vrouwen, in een uitgebreid gamma leersoorten en kleuren, afgestemd op uw "Travelfriend". Een even exclusieve maar functionele kledinghoes en houder voor naamkaartjes zijn de volgende op de lijst.

Het was een titanenwerk om dergelijk buitengewoon product te maken, zowel voor het ontwerpteam als voor Van de Meene. "De ontwikkelaar en de investeerder haten elkaar altijd; de ontwikkelaar wil het product nooit uitbrengen, de investeerder wil het zo snel mogelijk uitbrengen. Aangezien ik beide was, leidde dit tot heel wat interne conflicten – maar ik moet toegeven dat de ontwikkelaar in mij altijd won!"

IITTALA

Timeless in Glass Design

In 1881, Finnish glass brand Iittala was established in the village Iittala in the South of Finland by the Swedish glassblower Peter Magnus Abrahamsson. Around 1930, the factory organised design contests, resulting in one of the most well-known glass objects from the Iittala collection: the Aalto vase, designed by Alvar Aalto in 1936.

Iittala is now the driving force behind Scandinavian design with a mission to create objects with a clear vision. These objects mainly relate to cooking, eating and decorating. According to Iittala's philosophy, design objects ought to last and maintain their value and unicity their entire life. This is in keeping with a world that is becoming increasingly more aware of the value of lasting and timeless design. Furthermore, Iittala believes that quality will never get out of fashion and the company presents us with the best proof: the current Iittala collection does not only consist of novelties but also of several products that were designed over 70 years ago..

Un design du Verre Intemporel

La marque finlandaise de verre Iittala a été fondée dans la localité portant le même nom, au Sud de la Finlande en 1881 par le souffleur de verre suédois Peter Magnus Abrahamsson. Vers 1930, l'usine organisait des concours de design, d'où résulte entre autres l'objet en verre le plus connu de la collection Iittala: le vase Aalto, créé par Alvar Aalto en 1936.

Iittala est désormais la force motrice derrière le design scandinave, avec la mission de créer des objets avec une vision claire. Il s'agit surtout d'objets pour les cuisines, les tables et la décoration. Suivant la philosophie d'Iittala, les objets design doivent être durables et ils doivent conserver leur valeur et leur unicité toute leur vie. Une indication qui correspond tout à fait à un monde qui est de plus en plus conscient de la valeur de design durable et intemporel. De plus, Iittala croit que la qualité n'est jamais démodée et l'entreprise en fournit la meilleure preuve: la collection Iittala actuelle est non seulement constituée de nouveautés, mais aussi de différents produits créés il y a environ soixante-dix ans.

Tijdloos in Glasdesign

Het Finse glasmerk Iittala werd in 1881 in het gelijknamige plaatsje in het zuiden van Finland opgericht door de Zweedse glasblazer Peter Magnus Abrahamsson. Rond 1930 organiseerde de fabriek designwedstrijden, welke onder meer resulteerden in het meest bekende glasobject uit de Iittala collectie: de Aalto vaas, ontworpen door Alvar Aalto in 1936.

Inmiddels is Iittala een drijvende kracht achter Scandinavisch design met als missie objecten te creëren met een duidelijke visie. Het betreft hier vooral objecten die gerelateerd zijn aan koken, tafelen en decoreren. In de visie van Iittala behoren designobjecten blijvend te zijn en een leven lang hun waarde en uniciteit te behouden. Een gegeven dat naadloos aansluit bij een wereld die zich steeds bewuster wordt van de waarde van blijvend en tijdloos design. Iittala gelooft bovendien dat kwaliteit nooit uit de mode raakt en het bedrijf levert daarvoor zelf het beste bewijs: de huidige Iittala collectie bestaat namelijk niet alleen uit noviteiten, maar ook uit diverse producten die al ruim 70 jaar geleden ontworpen zijn.

www.iittala.com

THE ARRIVAL OF DESIGNERS

In 1932, the first designer, Göran Hongell, arrived in Iittala.
In the same year, Aino Aalto won the design competition and her glasses are the oldest items in the Iittala collection that are still produced. The Aarne series from Göran Hongell, dating back to the 40s, was an example of modern glassware - in both design and production techniques - and is also still manufactured.

L'ARRIVÉE DES DESIGNERS

Le premier designer Göran Hongell est arrivé chez Iittala en 1932. Au cours de la même année, Aino Aalto est la gagnante du concours de design et les verres Aino Aalto représentent les articles les plus anciens, toujours en production, de la collection Iittala. La série Aarne de Göran Hongell datant des années 40 est un exemple de verrerie moderne – tant au niveau du design, que de la technique de production – et elle est toujours fabriquée.

DE KOMST VAN DESIGNERS

In 1932 kwam de eerste designer, Göran Hongell, naar Iittala.
In hetzelfde jaar was Aino Aalto de winnares van de design-wedstrijd en de Aino Aalto glazen vormen de oudste, nog in productie zijnde, items binnen de Iittala collectie. De serie Aarne van Göran Hongell uit de jaren '40 was een voorbeeld van modern glaswerk -zowel qua design als qua productietechniek - en is ook nog altijd in productie.

THE LEGENDARY 50'S

The breakthrough of Finnish design in the 50s and 60s altered glassware. A new form of aesthetics and functionality influenced Finnish glassware. Whilst other countries were still producing series of traditional, elaborate glass, Finland adopted a simplicit, modern style.

Of all the Iittala designers, Tapio Wirkkala has designed the most series of glass for the company, followed by Timo Sarpaneva.
In the 1950s, Tapio Wirkkala designed the Tapio series which was inspired by an air bubble motif; a series that is also still manufactured to this day. Sarpaneva's I-line from 1956 drew attention due to its size and use of colours. The current red-white I-logo of Iittala was originally designed by Sarpaneva for his I-line from 1956.

LES ANNÉES 50 LÉGENDAIRES

La percée du design finlandais dans les années 50 et 60 a changé la verrerie. Une nouvelle forme d'esthétique et de fonctionnalité a influencé la verrerie finlandaise. Et pendant que d'autre pays produisaient encore des lignes de verre allongées traditionnelles, c'est le design simplifié et moderne qui va prendre le dessus en Finlande.

De tous les designers d'Iittala, c'est Tapio Wirkkala qui a créé le plus grand nombre de séries en verre pour l'entreprise, suivi par Timo Sarpaneva. Tapio Wirkkala crée dans les années 50 la série Tapio, inspirée par un motif en forme de bulle d'air et cette série est toujours fabriquée de nos jours. 'L'-i-collection' de Sarpaneva, datant de 1956, se fait surtout remarquer par la dimension et l'utilisation de la couleur. La marque distinctive rouge et blanche actuelle d'Iittala, le logo i, a été créé à l'origine par Sarpaneva pour sa i-collection en 1956.

DE LEGENDARISCHE JAREN '50

De doorbraak van Fins design in de jaren '50 en '60 veranderde het glaswerk. Een nieuwe vorm van esthetiek en functionaliteit beïnvloedde Fins glaswerk. En terwijl andere landen nog steeds traditionele, uitgebreide glaslijnen produceerden, nam vereenvoudigd, modern design in Finland de overhand.

Van alle Iittala-designers heeft Tapio Wirkkala de meeste glasseries voor het bedrijf ontworpen, gevolgd door Timo Sarpaneva. Tapio Wirkkala ontwierp in de jaren '50 de "Tapio"-serie, geïnspireerd door een luchtbel motief en ook deze serie is vandaag de dag nog altijd in productie. De "i-collectie" van Sarpaneva uit 1956 viel vooral op door de grootte en het kleurgebruik. Het huidige rood-witte merkteken van Iittala, het i-logo, is oorspronkelijk ontworpen door Sarpaneva voor zijn i-collectie uit 1956.

DESIGN REQUIRES KNOWLEDGE

None of the designers would be able to create Iittala products without sound knowledge of the levels of craftsmanship required for the production of glassware. This traditional and strong relationship between the design and crafts is still the most important factor behind the manufacturing of goods within the company.
The Iittala Birds collection is a world-famous example of design and craftsmanship. The first birds, designed by Oiva Toikka, were produced by the glassblowers in 1973. Ever since, every bird has been unique and individually blown by mouth. The process is extremely fascinating. Many visitors are welcomed daily to the Nuutajärvi glass factory to observe the process. Every Iittala bird is a clear result of high-quality craftsmanship and has distinctive features such as the bold colours, a unique touch which is only possible by the manual process, Toikka's humour and the elegance of glass.

LE DESIGN NÉCESSITE LE SAVOIR

Aucun des designers ne pourraient créer des produits Iittala sans une connaissance solide de l'artisanat du verre. Ce lien traditionnel et fort entre l'esthétique et l'artisanat constitue encore la force la plus importante derrière le développement du produit au sein de l'entreprise.
La collection d'oiseaux Iittala 'Birds' offre un échantillon, connu dans le monde entier, du design et de la maîtrise technique. Les premiers oiseaux, fabriqués par le designer Oiva Toikka et les souffleurs de verre, ont vu le jour en 1973. Depuis lors, chaque oiseau est un exemplaire unique et il est soufflé individuellement à la main.
Le processus est très fascinant. Chaque jour, de nombreux visiteurs sont encore accueillis dans la verrerie de Nuutajärvi pour contempler le processus. Chaque oiseau Iittala est le résultat tangible d'un savoir-faire de grande qualité.
Ses caractéristiques sont les couleurs brillantes, des couleurs uniques ne pouvant être obtenues que par le travail à la main, l'humour de Toikka et la finesse du verre.

DESIGN VERGT KENNIS

Het ontwerpen van Iittala producten door de diverse designers zou nooit kunnen plaatsvinden zonder gedegen kennis van het voor glasbewerking benodigde vakmanschap. Deze traditionele en sterke band tussen vormgeving en ambacht vormt nog altijd de belangrijkste kracht achter de productontwikkeling binnen het bedrijf.
Een wereldberoemd staaltje van design en vakmanschap vormt de vogel-collectie, "Iittala Birds". De eerste vogels die werden gemaakt door designer Oiva Toikka en de glasblazers zagen het levenslicht in 1973. Sindsdien is elke vogel een uniek exemplaar dat individueel met de hand geblazen wordt. Het proces is zeer fascinerend. Dagelijks worden nog altijd vele bezoekers verwelkomd in de Nuutajärvi glasfabriek om het proces te aanschouwen. Elke "Iittala bird" is het tastbare resultaat van hoogwaardig vakmanschap.
Kenmerkend zijn de briljante kleuren, de unieke touch die alleen door handwerk kan worden verkregen, de humor van Toikka en de verfijning van glas.

Oiva Toikka (1931) himself is as colourful as his art. Born in Karelia, Toikka has created glassware and beautiful design objects throughout his life, as well as being a lecturer at university. However, his favourite passion is the art of glassblowing. Toikka's decision not to become an artist gave him the opportunity to experiment with glass, more than any other artist would have been able to do. Iittala's glassblowers have made every effort to realise Toikka's wildest ideas and most crazy views. Toikka's work is proof that glass has endless creative possibilities.

It is surprising to see that, more than 35 years after the production of the first birds, Toikka is still designing fine examples of glassware. When asked about his inspiration for the birds, Oiva replies: "I definitely don't think of a certain technique in advance. The origin lies in a feeling, a special atmosphere that I try to capture in glass."

Glass is a highly personal and expressive material for Oiva Toikka. Something he continuously tries to master. What is it that fascinates him about glass?

"It is the heat of the ovens, the speed at which glassware is made and the fact that glass has its own way. You never know how it will react or how you will be able to give it a personal touch.

And then there are the glassblowers. It is comparable to watching a ballet performance. It has its own choreography. I feel extremely honoured to work with these people who are always open to experiment and turn my weirdest ideas into reality. This is the perfect environment to let my creativity flourish!"

Oiva Toikka has designed more than just the Birds collection. His famous and functional glass collections include Kastelhelmi (1964), Flora (1966), Fauna (1970) and Pioni (1975). His works are on display in the collections of the most prestigious museums in the world, including the Museum of Modern Art in New York, the Corning Museum, the Victoria and Albert Museum, the Hokkaido Museum of Modern Art in Japan and in many Scandinavian collections.

Oiva Toikka (1931) lui-même est d'ailleurs aussi haut en couleur que son art. Né en Carélie, Toikka a créé dans sa vie des œuvres en verre et de jolis objets design tout en donnant des cours à l'université. Mais sa plus grande passion est l'art du soufflage du verre. Le choix de Toikka de rester en dehors du monde artistique lui a donné la possibilité d'expérimenter avec le verre d'une façon telle que peu d'artistes auraient pu le faire. Les souffleurs de verre d'Iittala ont donné le meilleur d'eux-mêmes pour que les idées les plus délirantes et les visions les plus folles de Toikka deviennent réalité. L'œuvre de Toikka est la preuve que le verre offre des possibilités créatives illimitées.

Il est surprenant de voir que Toikka, près de 35 ans après que les premiers oiseaux aient été soufflés, revienne chaque année avec de nouveaux petits bijoux fantastiques. Quand vous demandez à Oiva d'où vient son inspiration pour les oiseaux, il dit: « Je ne pense certainement pas à l'avance à une technique particulière. Tout commence avec un sentiment, une atmosphère particulière que j'essaie de fixer dans le verre. »

Pour Oiva Toikka, le verre est un matériau personnel et expressif. Quelque chose que vous essayez continuellement de dominer. Qu'est-ce qui le fascine tant dans le verre?

« C'est la chaleur des fours, la vitesse à laquelle on travaille, et le fait que le verre a sa propre volonté. Vous ne savez jamais précisément comment il va se comporter ou comment vous pouvez apporter votre touche personnelle.

Et puis vous avez encore naturellement les souffleurs de verre. C'est comme regarder un spectacle de ballet. Ils ont leur propre chorégraphie. Je suis très honoré de travailler avec ces personnes qui sont prêtes à expérimenter et à réaliser les idées les plus bizarres. C'est l'environnement parfait pour que ma créativité puisse se développer! »

Oiva Toikka ne fait pas que créer la collection 'Birds'. 'Kastelhelmi' (1964), 'Flora' (1966), 'Fauna' (1970) et 'Pioni' (1975) font par exemple partie de ses créations en verre connues et fonctionnelles. Ses œuvres peuvent être admirées dans les collections des musées les plus prestigieux, parmi lesquels le Museum of Modern Art à New York, le Corning Museum, le Victoria and Albert Museum, le Hokkaido Museum of Modern Art au Japon et naturellement dans de nombreuses collections scandinaves.

Oiva Toikka (1931) zelf is overigens net zo kleurrijk als zijn kunst. Geboren in Karelië heeft Toikka heel zijn leven glaswerken en prachtige designobjecten ontworpen en les gegeven aan de universiteit. Maar zijn grootste passie is de kunst van het glasblazen. Toikka's keuze om buiten de wereld van de kunst te blijven heeft hem de mogelijkheid gegeven om te experimenteren met glas op manieren waarop weinig kunstenaars dat hebben kunnen doen. De glasblazers van Iittala hebben zich tot het uiterste ingespannen om Toikka's wildste ideeën en gekste visies om te zetten in realiteit. Toikka's werk is het bewijs dat glas grenzeloze creatieve mogelijkheden heeft.

Het is verrassend om te zien dat Toikka, ruim 35 jaar nadat de eerste vogels geblazen werden, nog steeds ieder jaar met fantastische nieuwe juweeltjes komt. Wanneer je Oiva vraagt naar zijn inspiratie voor de vogels zegt hij: "Ik denk zeker niet van tevoren aan een bepaalde techniek of zoiets. Alles begint met een gevoel, een bijzondere atmosfeer die ik probeer vast te leggen in glas."

Glas is voor Oiva Toikka een zeer persoonlijk en expressief materiaal. Iets wat hij voortdurend probeert te beheersen. Wat is het aan glas dat hem zo fascineert?

"Het is de hitte van de ovens, de snelheid waarmee gewerkt wordt, en het feit dat glas een eigen wil heeft. Je weet nooit precies hoe het zich zal gedragen of hoe je het een eigen touch kunt geven. En dan heb je natuurlijk nog de glasblazers zelf. Het is als kijken naar een balletvoorstelling. Het heeft zijn eigen choreografie. Ik voel me zeer vereerd om met deze mensen te werken die bereid zijn om te experimenteren en om mijn raarste ideeën tot realiteit brengen. Dit is de perfecte omgeving om mijn creativiteit te laten opbloeien!"

Oiva Toikka's houdt zich overigens met veel meer bezig dan uitsluitend het creëren van de "Birds"-collectie. Tot zijn bekende en functionele glasseries behoren "Kastelhelmi" (1964), "Flora" (1966), "Fauna" (1970) en "Pioni" (1975). Zijn werken kunnen worden bewonderd in de collectie's van de meest prestigieuze musea, waaronder Museum of Modern Art in New York, the Corning Museum, the Victoria and Albert Museum, the Hokkaido Museum of Modern Art in Japan en uiteraard in vele Scandinavische collecties.

Easily combined

Glassware is still the main discipline in the current Iittala collection. However, Iittala is now also represented by porcelain, kitchen and cooking products, and interior objects. With its collection, Iittala aims to offer beautiful, functional and durable products that will please us in our everyday lives. This is the reason why every Iittala object is created with an eye on shape, functionality and quality. With this clear philosophy in mind, the products are created to be timeless and lasting. This is reflected in the history of the collection: Kaj Franck's Teema set from 1952 goes hand in hand with Alfredo Häberli's Origo set from 1999 or Klaus Haapaniemi's Taika set from 2007.
All items from the collection are designed with a view to combining them so that everyone may build their own personal collection.

In Alvar Aalto's words, it is not only the designer who is creative: "The ultimate value of an object is determined by the user."
Making us all into a designer.

Facile à combiner

La verrerie occupe encore toujours un rôle central dans la collection actuelle d'Iittala. Mais Iittala est aussi actuellement actif dans le monde de la porcelaine, des accessoires de cuisine et des objets d'intérieur. Avec sa collection, Iittala souhaite offrir aux consommateurs des produits beaux, fonctionnels et résistants, et qui procurent de la joie et du plaisir au quotidien. C'est pourquoi, chaque objet Iittala est créé en tenant compte de la forme, de la fonctionnalité et de la qualité. Les produits sont conçus avec une vision claire pour créer un design intemporel et durable. Et c'est ce qu'on peut retrouver dans l'histoire de la collection: le service 'Teema' de Kaj Franck datant de 1952 peut être parfaitement combiné au service moderne 'Origo' d'Alfredo Häberli datant de 1999 ou au service 'Taika' de Klaus Haapaniemi datant de 2007. Tous les éléments de la collection sont fabriqués pour pouvoir être combinés ensemble, afin que tout un chacun puisse composer sa propre collection personnelle.

Quand nous employons les mots d'Alvar Aalto, nous voyons que le designer n'est pas seulement créatif: « La signification ultime d'un objet est déterminée par l'utilisateur. »
Et cela fait de nous tous des designers.

Flexibel te combineren

Nog altijd staat glaswerk centraal in de huidige Iittala collectie. Maar Iittala staat tegenwoordig ook voor porselein, keuken- en kookgerei en interieurobjecten. Iittala wil met haar collectie consumenten mooie, functionele en duurzame producten aanbieden die dagelijks voor plezier en vreugde zorgen. Elk Iittala object is daarom gecreëerd vanuit vorm, functionaliteit en kwaliteit. Met een duidelijke visie worden de producten ontworpen om tijdloos en blijvend design te creëren. En dat is terug te zien in de geschiedenis van de collectie: het "Teema"-servies van Kaj Franck uit 1952 kan perfect worden gecombineerd met het moderne "Origo"-servies van Alfredo Häberli uit 1999 of het "Taika"-servies van Klaus Haapaniemi uit 2007. Alle items uit de collectie zijn gemaakt om met elkaar te combineren, zodat iedereen zijn eigen persoonlijke collectie kan samenstellen.

Wanneer we Alvar Aalto's woorden gebruiken, zien we dat niet alleen de designer creatief is: "De ultieme betekenis van een object wordt bepaald door de gebruiker."
En dat maakt ons allemaal tot een designer.

STEINWAY

Sounds Perfect

Steinway pianos are renowned for their incomparable sound, for their intuitively responsive touch, and for delivering the musical equivalent of perfection. No wonder that for over a century the Steinway Concert Grand has been the instrument of choice for the world's greatest pianists, and why 98% of the concert piano performances worldwide continue to be performed on Steinway grand pianos. But a Steinway piano is also an inspired investment, outperforming many luxury items renowned for their enduring financial value.

Un Son Parfait

Les pianos Steinway sont réputés pour leur son incomparable, leur toucher sensible et intuitif et pour le son proche de la perfection qu'ils offrent. Il n'est donc pas surprenant que le 'Steinway concert grand' ait été l'instrument de prédilection des plus grands pianistes du monde et cela explique également pourquoi 98% des concerts au piano dans le monde continuent à être joués sur des pianos Steinway grand. Mais un piano Steinway est également un investissement plein de bon sens, dépassant de nombreux articles de luxe renommés pour leurs solides valeurs financières.

Klinkt Perfect

De piano's van Steinway zijn wereldberoemd om hun onvergelijkbare klank, om hun intuïtieve responsieve aanslag en om het afleveren van het muzikale equivalent van perfectie. Het is dan ook niet verassend dat meer dan een eeuw lang de "Concert Grand" van Steinway het uitverkoren instrument was van de grootste pianisten ter wereld en dat dit de reden is waarom 98% van de pianoconcerten ter wereld gegeven worden op grand piano's van Steinway. Een Steinway piano is echter ook een doordachte investering, die vele luxeproducten die bekend zijn om hun duurzame financiële waarde, ver achter zich laat.

www.steinway.com

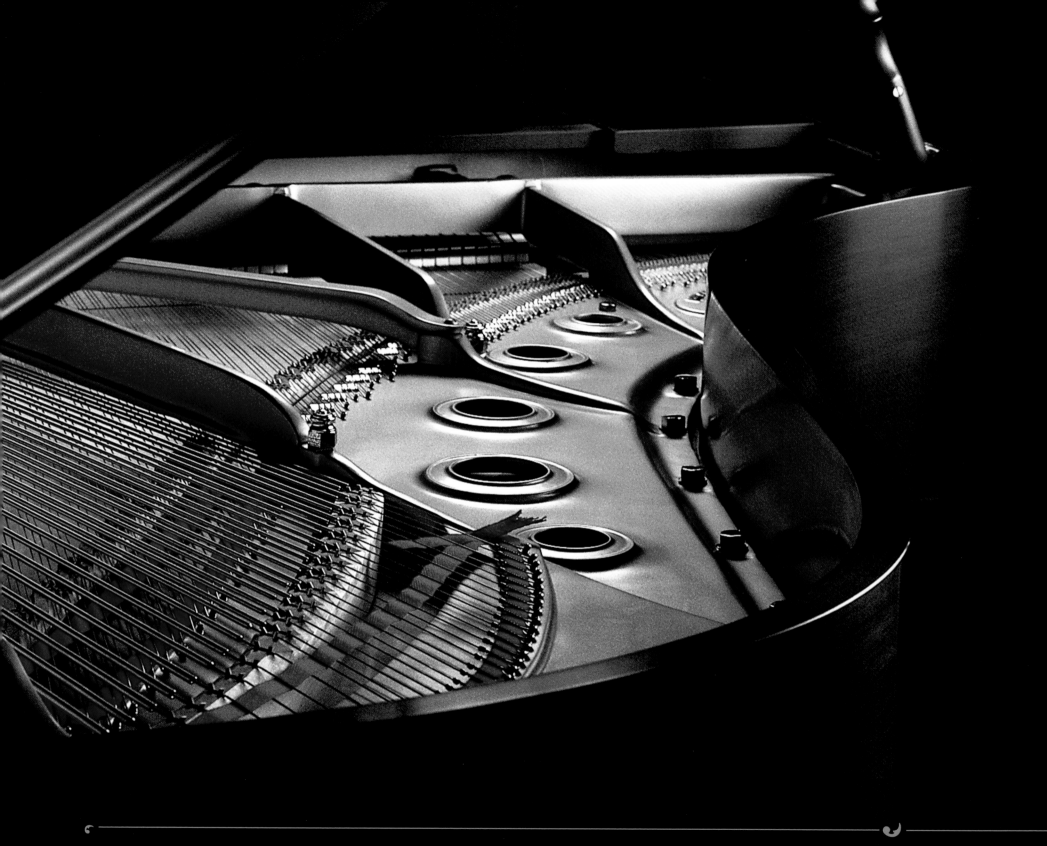

Steinway & Sons was founded in 1853 by German immigrant Henry Engelhard Steinway in a Manhattan loft. Henry was a master cabinetmaker who built his first piano in the kitchen of his home in Seesen, Germany. By the time he established Steinway & Sons, he had already built 482 pianos. The first piano produced by the company, number 483, was sold to a New York family for $500. It is now displayed at the City Museum in Seesen.
Over the next 40 years, Henry and his sons, Henry Jr., Albert, C.F. Theodore, William, and Charles, developed the modern piano gaining international recognition for their revolutionary designs and superior workmanship. These quickly became the piano of choice for many members of royalty and won the respect and admiration of the world's great pianists.

La société Steinway & Sons a été fondée en 1853 par un immigré allemand du nom de Henry Engelhard Steinway dans un petit appartement à Manhattan. Henry était un ébéniste de grand talent et avait construit son premier piano dans la cuisine de son domicile à Seesen en Allemagne. Lorsqu'il créa Steinway & Sons, il avait déjà construit 482 pianos. Le premier piano fabriqué par la société, portant le numéro 483, fut vendu à une famille new-yorkaise pour 500 dollars. Il est maintenant exposé au musée de la ville de Seesen.
Pendant les 40 années suivantes, Henry et ses fils, Henry Jr., Albert, C.F. Theodore, William et Charles développèrent le piano moderne, obtenant ainsi une reconnaissance internationale pour leurs conceptions révolutionnaires et leur fabrication de qualité supérieure. Leurs pianos devinrent rapidement le choix incontournable pour de nombreux membres de la royauté et gagnèrent le respect et l'admiration des plus grands pianistes au monde.

Steinway & Sons werd in 1853 opgericht door de Duitse immigrant Henry Engelhard Steinway, in een loft in Manhattan. Henry was een meester-meubelmaker die zijn eerste piano bouwde in de keuken van zijn huis in Seesen, Duitsland. Tegen de tijd dat hij Steinway & Sons oprichtte, had hij reeds 482 piano's gebouwd. De eerste piano die werd geproduceerd door het bedrijf, nummer 483, werd verkocht aan een New Yorkse familie voor 500 dollar. Hij wordt nu tentoongesteld in het stadmuseum van Seesen.
In de 40 jaar die volgden, ontwikkelden Henry en zijn zonen, Henry Jr., Albert, C.F. Theodore, William en Charles de moderne piano die internationaal erkenning kreeg voor zijn revolutionaire ontwerp en het betere vakmanschap. Dit werd al snel de uitverkoren piano voor vele leden van de adel en oogstte respect en bewondering van de grootste pianisten ter wereld.

GOLD RECOGNITION

Almost half of the company's 128 patented inventions were developed during the late nineteenth-century, based on emerging scientific research.
Steinway's revolutionary designs and the quality of workmanship began receiving national recognition almost immediately. Starting in 1855, Steinway pianos received gold medals at several U.S. and European exhibitions. The company gained international recognition in 1867 at the Paris Exhibition when it was awarded the prestigious "Grand Gold Medal of Honour" for excellence in manufacturing and engineering. It was the first time an American company had received this award.

During the 1870's the Steinways moved the Manhattan plant to Queens, building an entire community around the factory. Virtually its own town, Steinway Village had its own foundries, post office, parks and housing for employees, a library and a kindergarten.

In 1871, Henry Sr. died and sons C.F. Theodore and William took over. An accomplished pianist, Theodore was responsible for the technical aspects of piano making and personally earned the company 45 patents, including one in 1875 for the modern concert grand piano. In the same year, William helped establish a showroom in London, and five years later the Hamburg factory began operating.

MÉDAILLÉ D'OR

Environ la moitié des 128 inventions brevetées de la société furent développées à la fin du 19ème siècle, basées sur la recherche scientifique alors tout juste émergeante.
Les conceptions révolutionnaires de Steinway et sa qualité de fabrication bénéficièrent quasiment immédiatement d'une reconnaissance internationale. A partir de 1855, les pianos Steinway reçurent des médailles d'or à plusieurs expositions américaines et européennes. La société devint mondialement reconnue en 1867 à l'exposition de Paris lorsqu'elle reçut la prestigieuse « Grande Médaille d'Or d'Honneur » pour sa qualité de fabrication et de conception. C'était la première fois qu'une société américaine recevait ce prix.

Dans les années 1870, la famille Steinway déplaça l'usine de Manhattan dans le Queens, construisant toute une communauté autour de l'usine. Etant presque une ville à part entière, le village Steinway disposait de ses propres fonderies, son bureau de poste, ses parcs et logements pour les employés, ainsi qu'une bibliothèque et un jardin d'enfant.

En 1871, Henry Sr décéda et ses fils C.F. Theodore et William prirent sa suite. Pianiste accompli, Theodore était responsable des aspects techniques de la fabrication des pianos et rapporta personnellement 45 brevets à la société. On peut citer par exemple celui pour le piano moderne « concert grand » en 1875. Dans la même année, William aida à mettre en place une salle d'exposition à Londres et, 5 ans plus tard, l'usine de Hambourg commençait à fonctionner.

GOUDEN ERKENNING

Bijna de helft van de 128 gepatenteerde uitvindingen van het bedrijf werden ontwikkeld in de 19de eeuw, op basis van revolutionair wetenschappelijk onderzoek.
Het revolutionaire design van Steinway en de kwaliteit van het vakmanschap kreeg bijna onmiddellijk nationale erkenning. Al in 1855 kregen de piano's van Steinway gouden medailles op diverse tentoonstellingen in de Verenigde Staten en in Europa. Het bedrijf brak internationaal door in 1867, op de wereldtentoonstelling van Parijs, waar het de prestigieuze "Gouden Eremedaille" kreeg voor uitmuntendheid in fabricage en engineering. Het was de eerste keer dat een Amerikaans bedrijf deze prijs kreeg.

In de jaren 1870 verhuisden de Steinways de fabriek van Manhattan naar Queens, waar een volledige gemeenschap werd opgebouwd rond de fabriek. De virtuele stad "Steinway Village" heeft zijn eigen metaalgieterijen, postkantoor, parken en huizen voor werknemers, een bibliotheek en kinderopvang.

In 1871 stierf Henry Sr. en namen de zonen C.F. Theodore en William de zaak over. Als begenadigd pianist was Theodore verantwoordelijk voor de technische aspecten van het pianobouwen en haalde hij persoonlijk 45 octrooien binnen voor het bedrijf, waaronder één in 1875 voor de moderne concert grand piano. In hetzelfde jaar hielp William met het oprichten van een toonzaal in Londen, en vijf jaar later werd de fabriek in Hamburg operationeel.

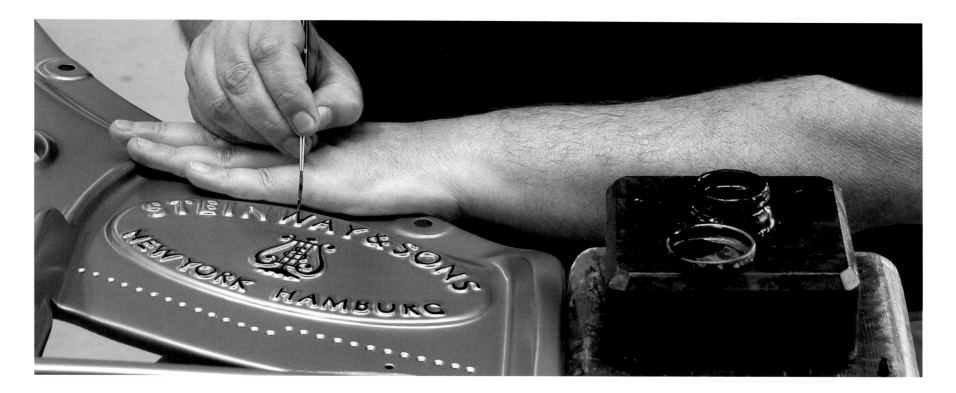

HANDMADE PERFECTION

Today, Steinway & Sons handcrafts approximately 3,600 pianos a year worldwide. Over 1,500 prominent concert artists and ensembles across the world bear the title Steinway Artist – they personally own a Steinway and have chosen to perform on the Steinway piano professionally. No artist or ensemble is a paid endorser. All Steinway pianos are built to a standard, not to a price; it takes one full year of painstaking, labour-intensive hand-craftsmanship to make a Steinway piano.

It all begins with a method unique to Steinway whereby the inner and outer piano rims are bent into shape as a single continuous piece. It takes 20 layers of maple and mahogany to construct the rim of a concert grand piano. The layers are coated with glue, stacked and pressed into a single form by bending on a giant piano-shaped vice. Later, all of the veneer on a single Steinway piano that is applied to ensure its cosmetic beauty will have been cut from the same tree.

LA PERFECTION FAITE À LA MAIN

De nos jours, Steinway & Sons fabrique approximativement 3600 pianos par an. Plus de 1500 éminents artistes de concert et d'ensembles de part le monde portent le titre d'Artiste Steinway : ils possèdent un Steinway et ont fait le choix de jouer sur un piano Steinway dans leur profession. Aucun artiste ou ensemble n'est payé pour faire ce choix. Tous les pianos Steinway sont construits en respectant un standard et non pas en fonction du prix et il faut une année complète de dur et intense labeur pour fabriquer un piano Steinway.

Tout a débuté avec une méthode dont seul Steinway a le secret et qui consiste à façonner les bords intérieurs et extérieurs du piano en une seule pièce continue. Il faut 20 couches d'érable et d'acajou pour élaborer l'ossature d'un piano 'Concert Grand'. Les couches sont enduites de colle, empilées et pressées en une forme unique par application contre un étau en forme de piano géant. Au final, l'intégralité du plaquage qui aura été appliqué sur un même piano Steinway aura été coupé dans le même arbre pour s'assurer du meilleur rendu esthétique.

HANDGEMAAKTE PERFECTIE

Vandaag vervaardigt Steinway & Sons wereldwijd zo'n 3.600 piano's per jaar. Meer dan 1.500 prominente concertartiesten en ensembles over heel de wereld dragen de titel van Steinway Artist – ze bezitten hun eigen Steinway en hebben ervoor gekozen om professioneel te concerteren op de Steinway piano. Geen van de artiesten of ensembles zijn betaalde gebruikers. Alle Steinway piano's worden gebouwd volgens een standaard, niet een prijs; het duurt een volledig jaar van nauwgezet, arbeidsintensief, ambachtelijk handwerk om een Steinway piano te bouwen.

Het begint allemaal bij een methode die uniek is voor Steinway en waarbij de binnen- en buitenkant van de kast in één bewerking worden gebogen. Er zijn 20 lagen esdoorn- of mahoniehout nodig voor het bouwen van de kast van een "Concert Grand" piano. De lagen worden ingesmeerd met lijm, op elkaar gestapeld en in één vorm geperst door ze te buigen over een gigantische pianovormige mal. Al het fineer dat voor één enkele Steinway piano wordt gebruikt, is afkomstig van dezelfde boom om te zorgen voor een feilloze afwerking.

Sound Creation

The soundboard (a large wooden diaphragm with a wooden bridge centred on its top, over which the strings pass) is carefully formed, by hand, into a patented Steinway design and expertly tapered by a craftsman to be slightly thinner at the edges so that it can vibrate properly once it is glued to the piano's inner rim.

But first, the bridge must be notched for the strings that will pass over it. It takes years of training for the craftsman to know exactly where to place the notches. A 340-pound cast iron plate is then fitted into a piano case to provide the rigid, stable foundation needed to hold approximately 20 tons of string tension.

Once the soundboard and iron plate are in the piano case, the piano is ready for its strings. The stringer inserts a wire through the hole in a tuning-pin, which is turned three times by a machine, wrapping three wire coils around it. The pin is then placed through one of approximately 240 holes in the cast iron plate and driven into the pin-block.

La création du son

La table d'harmonie (un large diaphragme en bois avec un pont en bois centré sur le dessus sur lequel les cordes reposent) est façonné avec attention à la main avec une conception brevetée par Steinway et effilé en cône de manière experte par un artisan pour être légèrement plus fine sur les bords afin qu'il puisse vibrer correctement, une fois collé au bord intérieur du piano.

Mais pour commencer : le pont doit être cranté pour les cordes qui passeront dessus. Il faut des années d'entraînement à l'artisan pour savoir exactement où placer les crans. Une plaque de fonte de 150 kg est alors posée dans une caisse de piano pour apporter une base rigide et stable nécessaire pour supporter une pression de 20 tonnes des cordes.

Une fois que la table d'harmonie et la plaque de fonte sont installées dans la caisse du piano, celui-ci est prêt à recevoir ses cordes. Le monteur de cordes installe un fil à travers le trou dans une cheville qui est tournée trois fois par une machine, enroulant trois couronnes de fil autour. La cheville est alors placée à travers un des nombreux trous (environ 240) dans la plaque de fonte et dirigée dans le sommier de bois.

Creëren van klank

De zangbodem (een groot houten membraan met een houten kam in het midden erop, waar de snaren over lopen) wordt zorgvuldig met de hand in vorm gebracht volgens een gepatenteerd Steinway-ontwerp en deskundig door een ambachtsman bewerkt zodat hij aan zijkanten dunner is dan in het midden en kan trillen zoals het hoort wanneer hij aan de kast van de piano wordt gelijmd.

Maar eerst moeten er inkepingen worden gemaakt in de brug, waar de snaren over moeten lopen. Het vergt jaren oefening voor de vakman om precies te weten waar de inkepingen moeten komen.

Een gietijzeren plaat van 150 kg wordt dan in de pianokast geplaatst om de sterke, stabiele basis te bieden die nodig is om de snaarspanning van ongeveer 20 ton op te vangen.

Wanneer de zangbodem en de ijzeren plaat in de pianokast zitten, is de piano klaar voor zijn snaren. De besnaarder brengt een draad door de opening in een stem-pen, die door een machine drie keer gedraaid wordt, waardoor er drie windingen draad rond komen. De pen wordt dan door één van de ongeveer 240 gaten in de gietijzeren plaat gestoken en in het penblok gedreven.

STRIKING THE RIGHT NOTE

Dampers prevent the piano strings from unintentionally vibrating after the hammers have hit them. A master technician painstakingly matches the damper felts to the strings, before reaching underneath the piano to adjust the levers that control each of the dampers.
In a process called the action weigh-off, each key in the keyboard is calibrated to have a consistent feel. Weights are placed on the key and lead is inserted into its body until the pressure needed to push the key down is the same for each key.

A master voicer makes minute adjustments to the hammer's resiliency - critical to the piano's sound and the distinctive personality of each Steinway - by sticking the hammer's felt with a small row of needles, reducing its stiffness and thereby mellowing its tone, or increasing the brilliance of the key by hardening the felt by applying lacquer.
The tone regulator listens intently to the piano's pitch and turns the tuning pins with a tuning hammer to adjust string tension. Once the piano has been regulated, it is ready for its final inspection.

PRODUIRE UNE NOTE JUSTE

Des étouffoirs empêchent les cordes du piano de vibrer involontairement après que les marteaux les aient frappés. Un maître technicien fait soigneusement correspondre les feutres d'étouffoirs aux cordes avant d'actionner les leviers en dessous du piano qui contrôlent chacun des étouffoirs.
Lors d'un processus appelé l'action de balançage, chaque touche du clavier est calibrée pour avoir un ressenti constant. Des poids sont placés sur la touche de piano et du plomb est logé dans son corps jusqu'à ce que la pression nécessaire pour appuyer sur la touche soit la même pour toute les touches.

Un maître harmoniste effectue les derniers ajustements à l'élasticité du marteau, une élasticité cruciale pour le son du piano et qui représente la personnalité distincte de chaque Steinway, en piquant le feutre du marteau avec une petite rangée d'aiguilles, réduisant sa dureté et de ce fait adoucissant son timbre, ou en augmentant la brillance de la touche en rendant le feutre plus dur par application d'un vernis.
Le régleur de tons écoute intensément le ton du piano et tourne les chevilles avec une clef d'accord pour ajuster la tension des cordes. Une fois le piano réglé, il est prêt pour l'inspection finale.

DE JUISTE NOOT AANSLAAN

Dempers voorkomen dat de pianosnaren ongewenst trillen nadat de hamer hen heeft aangeslagen. Een meester-technicus past de dempviltjes nauwgezet aan op de snaren, alvorens onder de piano de pedalen aan te passen die de dempers bedienen.
In een proces dat de "action weigh-off" wordt genoemd, wordt elke toets van het klavier gekalibreerd om een consistente aanvoeling te hebben. Er worden gewichten op de toets gezet en er wordt lood ingebracht tot de druk die nodig is om de toets tot beneden te duwen voor alle toetsen dezelfde is.

Een meester-stemmer doet minuscule aanpassingen aan de veerkracht van de hamers – wat van kritiek belang is voor de klank van de piano en de typische persoonlijkheid van elke Steinway.
Door in het vilt van de hamer te prikken met een intonatienaald, neemt de stijfheid ervan af en wordt de toon verzacht. De helderheid van de toets wordt verhoogd door het vilt te verharden door lak aan te brengen.
De toonregulator luistert scherp naar de toonhoogte van de piano en draait aan de stem-pennen met een stemhamer om de snaarspanning af te stellen. Wanneer de piano gereguleerd is, is hij klaar voor de eindinspectie.

A Sound Investment

Having set an uncompromising world standard for sound, touch, and beauty, a Steinway remains the choice of 9 out of 10 concert artists, and is the preferred piano of countless professional and amateur musicians throughout the world.

It is an instrument that combines the joy of musical perfection with the security and reassurance of financial appreciation. Today, it is likely that a vintage Steinway Grand would command a price 4.3 times higher than the original retail cost, outperforming many luxury items renowned for their enduring financial value.

Un investissement sonore

Ayant instauré un standard mondial sans compromis pour le son, le toucher et la beauté, un Steinway demeure le choix de 9 artistes de concert sur 10, et représente le piano de prédilection pour d'innombrables musiciens professionnels et amateurs dans le monde. C'est un instrument qui rassemble le plaisir de la perfection musicale avec la sécurité et la garantie d'un bon investissement financier. Aujourd'hui, un ancien 'Steinway Grand' se négocierait à un prix 4,3 fois plus élevé que le prix de vente d'origine, dépassant de nombreux articles de luxe réputés pour leurs solides valeurs financières.

Een verstandige investering

Aangezien Steinway een compromisloze wereldstandaard heeft gecreëerd op het vlak van klank, aanslag en schoonheid, kiezen 9 van de 10 concertartiesten voor een Steinway piano en is hij het lievelingsinstrument van talloze professionele en amateurmuzikanten over heel de wereld.

Het is een instrument dat de vreugde van muzikale perfectie combineert met de veiligheid en zekerheid van de financiële investering. Vandaag is een tweedehands "Steinway Grand "4,3 keer meer waard dan dat hij oorspronkelijk heeft gekost, waarmee hij vele luxeproducten die bekend zijn om hun duurzame financiële waarde, ver achter zich laat.

PORTER GARDEN TELESCOPE

Made in Vermont

The world loves Vermont, a tiny nugget, better known for cows than commerce, her quiet demeanor and soothing landscape invoke a nostalgia for a time before locks, when things were done with a handshake, honestly, and well. Very well. "Made in Vermont" has long enjoyed the imprimatur of buyers worldwide, for so long, in fact, that copy-cat "Vermonts" have been found as far away as Asia. The respect is well earned.

Consider Fred Schleipman, the grandson of Swiss painter Ernst Bartsch of Zurich who was decorated by Queen Victoria in 1900. He lives at the end of a dirt road in a small Vermont town, perched on a hilltop with a view to make one sigh. His woodpiles are perfect: they'll outlast the pyramids. But they don't hold a candle to the creations that are born in his shops. Templates for the guidance of brain surgery probes.
Turbines which are veritable titanium roses, accurate to the tenths of a thousandth of an inch. Bearings that float on liquid helium spinning at one million rpm. Tungsten delivery systems for radiation dosage control. A dilating prosthetic eye. And the Porter Garden Telescope.

Fabriqué en Vermont

Le monde aime le Vermont. Une petite pépite, plus connue pour ses vaches que son commerce, son allure calme et son paysage reposant invoquent la nostalgie d'une époque où les barrières n'existaient pas, lorsque les choses étaient faites avec une poignée de main, avec honnêteté, et comme il faut. Très bien. La mention « Fabriqué au Vermont » a longtemps bénéficié de l'imprimatur des acheteurs du monde entier et ce, depuis si longtemps, que des copies ont en fait commencé à apparaître jusqu'en Asie. Le respect est bien mérité.

Prenez par exemple Fred Schleipman, le petit-fils du peintre suisse Ernst Bartsch de Zurich qui fut décoré par la reine Victoria en 1900. Il réside au bout d'un chemin de terre dans une petite ville du Vermont, perchée sur une colline avec une vue à couper le souffle. Ses fondations sont parfaites, elles survivront aux pyramides. Mais elles ne rendent pas justice aux inventions qui sont nées dans ses ateliers. Des modèles pour le guidage des sondes pour la chirurgie du cerveau. Des turbines qui sont de véritables ouvrages en titane, précis jusqu'au dixième de millième d'un pouce. Des roulements flottants sur de l'hélium liquide tournant à un million de tour/min. Des systèmes de distribution en tungstène pour le contrôle du dosage de la radiation. Une prothèse oculaire dilatable Et le télescope Porter Garden.

Made in Vermont

Heel de wereld houdt van Vermont, het is een juweeltje, beter bekend voor zijn koeien dan voor zijn handel. De ontspannen sfeer en het rustgevende landschap doen denken aan de tijden van weleer, toen er nog geen sloten bestonden en de dingen werden geregeld met een handdruk, eerlijk en goed. Heel goed. "Made in Vermont" was lange tijd een begrip voor kopers overal ter wereld, tot er zelfs tot in Azië nepkopieën van opdoken. Het respect is welverdiend.

Denk bijvoorbeeld aan Fred Schleipman, de kleinzoon van de Zwitserse schilder Ernst Bartsch van Zurich die in 1900 een eretitel kreeg van koningin Victoria. Hij woont aan het einde van een landweggetje in een stadje in Vermont, op de helling van een heuvel van waar hij een adembenemend uitzicht. Zijn houtstapels zijn perfect: ze zullen langer blijven bestaan dan de piramiden. Maar ze verzinken in het niets naast de creaties die in zijn atelier ontstaan. Modellen voor het geleiden van sondes voor hersenchirurgie. Turbines die lijken op echte titaniumrozen, die nauwkeurig zijn tot op tienden van een duizendste van een duim. Lagers die zweven op vloeibaar helium, draaiend tegen één miljoen rotaties per minuut. Een overbrengingsinrichting van wolfraam voor de controle van stralingsdosissen. Een dilaterende oogprothese. En Porters tuintelescoop.

www.gardentelescopes.com

98

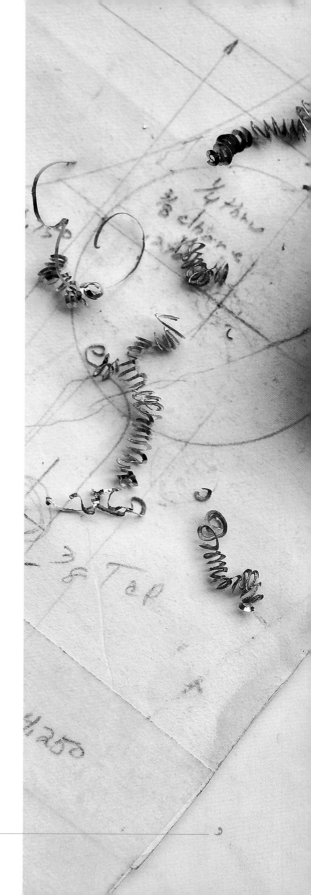

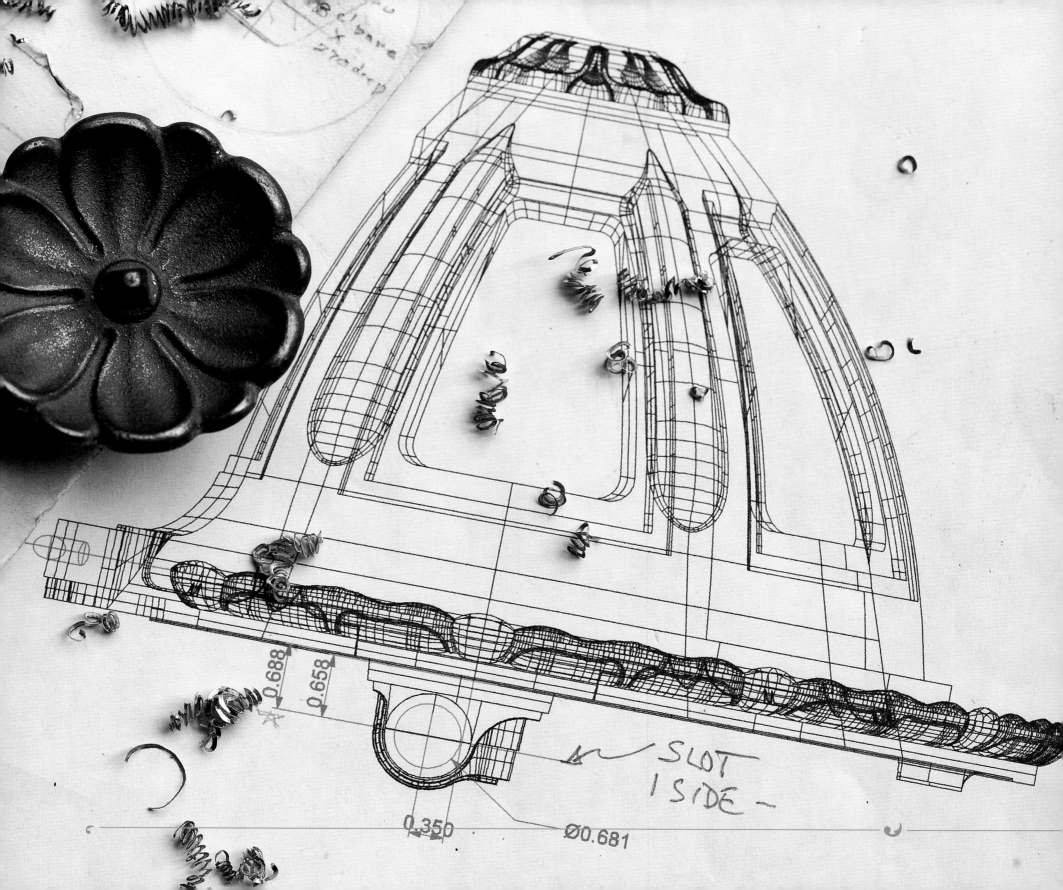

0.688

0.658

SLOT
1 SIDE—

0.350   Ø0.681

Rare documents

Thirty years ago Schleipman, an avid amateur astronomer, photographed a solar eclipse in Mauritania with an expedition of like minded individuals. There he befriended Bert Willard, an optical engineer and member of the venerable Springfield Telescope Makers of Springfield, Vermont. Later, Schleipman visited the club prior to joining, where he saw its collection of telescopes and rare documents. Among the treasures was an original Porter Garden Telescope. Schleipman was smitten, and so began the dream to reintroduce, from obscurity, a historic and beautiful instrument.

The Porter Garden Telescope is a masterful marriage of art and science. Fluid in stature, the piece looks more like a tulip then a telescope. Its Art Nouveau lines were designed to grace gardens, solaria and formal spaces, to be admired as statuary as well as used as a telescope and sundial. As the optics are easily removed, the bronze sculpture can safely remain outdoors, aging beautifully over the years. It was designed in the 1920s by Russell W Porter, the father of amateur astronomy in America, the founder of the Springfield Telescope Makers, Arctic explorer and navigator, painter of exquisite Inuit portraits and instructor at MIT. He was also an optical engineer working in Precision Valley, that bastion of machine tool craftsmanship in southern Vermont. His optical skills and passion for astronomy drove his efforts to design and patent the piece. Little did he realize that his innovations in design would later apply to the 200 inch Hale telescope at Palomar, which he helped design and which he drew magnificently. Nor did he anticipate that his masterpiece would find a home in the nation's glorious attic, the Smithsonian. Or, finally that a fellow Vermonter of similar passions would resurrect his artistry eighty odd years later.

Documents rares

Trente ans auparavant, Schleipman, un fervent astronome amateur, photographiait une éclipse solaire en Mauritanie avec une expédition composée d'individus partageant la même passion. A cette occasion, il se lia d'amitié avec Bert Willard, ingénieur opticien et membre de la vénérable Springfield Telescope Makers of Springfield dans le Vermont. Plus tard, Schleipman rendit visite au club avant de s'y inscrire, et put observer sa collection de télescopes et documents rares. Parmi ces trésors se trouvait un véritable télescope Porter Garden. Cette expérience marqua profondément Schleipman, et ce fut le début du rêve de réintroduire, depuis les tréfonds du néant, un instrument historique et magnifique.

Le télescope Porter Garden est une pièce-maîtresse mélangeant avec merveille l'art et la science. D'une fluidité innée, les pièces ressemblent plus à une tulipe qu'à un télescope. Ses lignes de style art nouveau furent conçues pour embellir les jardins, les solarias et les espaces cérémonieux, pour être admirées en tant que statue mais également pour être utilisées en tant que télescope et cadran solaire. Comme les éléments optiques peuvent facilement être enlevés, le bronze peut rester en extérieur en toute sécurité et vieillir de la plus belle façon au fil des ans. Il a été conçu dans les années 1920 par Russel W Porter, le père de l'astronomie amateur aux Etats-Unis, le fondateur du Springfield Telescope Makers, explorateur arctique et navigateur, peintre de délicats portraits Inuits et enseignant au MIT. Il était également un ingénieur opticien travaillant à Precision Valley, véritable bastion de fabrication de machines-outils dans le sud du Vermont. Ses talents d'opticien et sa passion pour l'astronomie ont motivé ses efforts pour concevoir et faire breveter la pièce. Il était alors bien loin de se douter que ses découvertes dans la conception seraient plus tard utilisées pour le télescope Hale de 200 pouces à Palomar, pour lequel il a aidé à la conception et qu'il a magnifiquement bien dessiné. Il n'avait pas non plus anticipé que son chef d'œuvre ferait son chemin jusqu'au prestigieux grenier de la nation : l'institut Smithsonian. Ou enfin, qu'un habitant du Vermont, habité des mêmes passions, ferait ressortir de l'oubli son œuvre, quatre-vingt années plus tard.

Zeldzame documenten

Dertig jaar geleden ging Schleipman, een enthousiast amateurastronoom, tijdens een expeditie met gelijkgestemden naar Mauretanië om er de zonne-eclips te fotograferen. Hij raakte er bevriend met Bert Willard, optisch ingenieur en lid van de eerbiedwaardige Telescoopbouwers van Springfield, Vermont. Later bezocht Schleipman de club, zag er haar collectie telescopen en zeldzame documenten en werd er lid van. Een van de schatten was een originele tuintelescoop van Porter. Schleipman was razend enthousiast en zo ontstond de droom om vanuit een duister verleden een prachtig historisch instrument opnieuw te introduceren.

Porters tuintelescoop is een meesterlijke combinatie van kunst en wetenschap. Met zijn vloeiende vormen lijkt het stuk meer op een tulp dan op een telescoop. Zijn art nouveau belijning was bedoeld om tuinen, solaria en formele ruimtes op te luisteren, om bewonderd te worden als standbeeld maar ook om gebruikt te worden als telescoop en als zonnewijzer. Aangezien de optische onderdelen gemakkelijk verwijderd kunnen worden, kan het bronzen gedeelte veilig buiten blijven staan, terwijl het in de loop der jaren een mooi verouderd patina krijgt. Het toestel werd in de jaren 1920 ontworpen door Russell W. Porter, de vader van de amateurastronomie in Amerika en oprichter van de Telescoopbouwers van Springfield, poolreiziger en navigator, schilder van prachtige portretten van Inuit en lesgever aan het Massachusetts Institute of Technology. Hij was ook als optisch ingenieur werkzaam in Precision Valley, dat bastion van vakmanschap op het vlak de werktuigmachines in het zuiden van Vermont. Zijn optische vaardigheden en passie voor astronomie waren zijn drijfveer om het toestel te ontwerpen en er een octrooi op te nemen. Hij kon toen natuurlijk niet weten dat zijn vernieuwend ontwerp later zou worden opgenomen in de 200-duim Hale telescoop van Palomar, die hij mee hielp ontwerpen en die hij prachtig tekende. Evenmin kon hij voorspellen dat zijn meesterwerk een thuis zou vinden in de meest glorieuze zolder van de natie, het Smithsonian. Of, tot slot, dat een collega uit Vermont met dezelfde passie, zo'n 80 jaar later zijn kunstwerk opnieuw zou doen herrijzen.

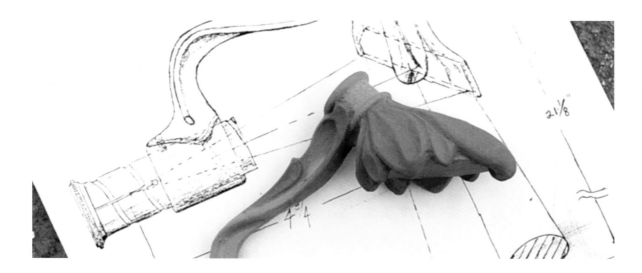

Finding the craftsmen

Schleipman's crusade held many hurdles, the first of which was to find an original from less than twenty known, which he could borrow for patterning. The Springfield Telescope Makers had been approached in that regard many times, but, staunchly non commercial and covetous of Porter's reputation and their own, had many times declined the request. They finally reversed that stance, convinced that with Schleipman came the assurance that an instrument worthy of their endorsement would result.

An original procured, the more daunting technological hurdles loomed: engineering, patterning, casting and machining. It was at this point that Schleipman set about finding the craftsmen necessary for success. He knew he was looking for skills that are disappearing, and scoured the continent for the best and the brightest. They all surfaced in New England.

Because cooling bronze shrinks in devilishly tricky ways, a simple copying of the original would not suffice. Computer modeling, accounting for non linear shrinkage, along with the age old methods of measurement and sizing, commenced with pattern maker Dave Nugent whose work adorns the homes of Bill Gates, Ralph Lauren and the halls of the Japanese Diet. A year of patterning the telescope will end in October: he calls it the most difficult job of his career.

After a long search, and many trials, Schleipman has found a superbly talented foundry. The finish, patination, and consistency of the work are remarkable. Casting bronze is an ancient art. Those who do it today stand on centuries of talented shoulders and the experience is largely the same. To see Roman numerals and acanthus leaves appear as the sand falls away after cooling is always a magical moment. His partners are magicians.

A la recherche des artisans

La croisade de Schleipman a rencontré de nombreux obstacles, le premier étant qu'il fallait trouver une structure d'origine datant de moins de vingt ans qu'il pourrait emprunter pour concevoir le modèle. Les Springfield Telescope Makers avaient été abordés à plusieurs reprises à cet égard, mais ils étaient fermement opposés à la commercialisation et convoitant la réputation de Porter et de la leur, avaient rejeté de nombreuses fois la demande. Ils ont au final changé d'avis, convaincus qu'avec Schleipman, le résultat donnerait un instrument digne de leur approbation.

Dès qu'un original fut disponible, les obstacles les plus épineux commencèrent à apparaître : l'ingénierie, la création d'un modèle, le moulage et l'usinage. C'est à ce moment que Schleipman décida de se mettre à la recherche d'artisans nécessaires à la réussite du projet. Il savait qu'il devait chercher des talents en voie de disparition et a parcouru le continent pour trouver les meilleurs et les plus compétents. Ils furent tous trouvés en Nouvelle Angleterre.

Parce que le refroidissement du bronze induit des rétrécissements pouvant jouer plus d'un tour, une simple copie de l'original ne pouvait pas suffire. La modélisation sur ordinateur, prenant en compte le rétrécissement non linéaire, ainsi que les anciennes méthodes de mesure et calibrage, ont commencé avec le modeleur Dave Nugent à qui on doit la conception des maisons de Bill Gates et de Ralph Lauren, ainsi que les couloirs du parlement japonais, la Diète. Une année de modelage se terminera en octobre: il déclare que c'est le travail le plus difficile de sa carrière.

Après une longue recherche et de nombreuses tentatives, nous avons trouvé une fonderie exceptionnellement talentueuse. La finition, la patine, et la consistance du travail sont remarquables. Le moulage de bronze est un art ancien. Les personnes qui pratiquent cet art de nos jours bénéficient de siècles d'expérience et la maîtrise est presque la même pour tout le monde. Voir apparaître les chiffres romains et les feuilles d'acanthe au fur et à mesure que le sable tombe après le refroidissement est toujours un moment magique. Nos partenaires sont des magiciens.

Het vinden van de juiste ambachtslieden

Tijdens zijn kruistocht moest Schleipman heel wat hindernissen overwinnen, zoals eerst en vooral het vinden van een origineel exemplaar, van de minder dan 20 die bekend zijn, om te lenen voor het maken van het model. De Telescoopbouwers van Springfield werden in dit verband meermaals benaderd, maar ze waren absoluut niet commercieel ingesteld en wilden de reputatie van Porter en van zichzelf bewaren en gingen dus niet in op het verzoek. Uiteindelijk kwamen ze op hun beslissing terug, overtuigd van het feit dat Schleipman kon garanderen dat er een instrument zou worden gebouwd dat hun goedkeuring zou kunnen wegdragen.

Nadat er een origineel beschikbaar was gesteld, doken de moeilijkere technologische hindernissen op: engineering, modellen bouwen, gieten en produceren. Het was op dit punt dat Schleipman op zoek ging naar de ambachtslieden die nodig waren voor het succes. Hij wist dat hij vaardigheden zocht die met uitsterven waren bedreigd, en speurde het continent af naar de beste en de knapste. Ze doken allemaal op in New England.

Omdat afkoelend brons op verraderlijke wijze krimpt, zou het eenvoudig kopiëren van het origineel niet volstaan. Modellenmaker Dave Nugent, wiens werk kan worden bewonderd in de huizen van Bill Gates, Ralph Lauren en de zalen van het Japanse parlementsgebouw, begon met het maken van computermodellen die rekening hielden met de niet-lineaire krimp, samen met de eeuwenoude methodes voor het bepalen van de maten en de omvang. Na een jaar werken, is in oktober het model eindelijk klaar: hij noemt het de moeilijkste job van zijn carrière.

Na lang zoeken en vele proeven heeft Schleipman een zeer getalenteerde gieterij gevonden. De afwerking, het patina en de consistentie van het werk zijn opmerkelijk. Brons gieten is een eeuwenoude kunst. Diegenen die het vandaag doen, gaan terug op een eeuwenoude ervaring en passen die nog steeds toe. Om Romeinse cijfers en acanthusbladeren te zien verschijnen wanneer het zand wegvalt na het afkoelen, is altijd een magisch moment. Onze partners zijn tovenaars.

Millionths of an inch

The telescope is both botanical and avian, a fluid bronze sculpture reminiscent of organic entities which graced the planet in prehistory. When given optics, it has eyes and flickers to life, almost bearing an intelligence. Those eyes must flirt with perfection: and designers Bert Willard and Jim Daley made it be so. Senior members of the Springfield Telescope Makers, both gentlemen made it their life work to craft the arcane devices which enable satellites to do that impossible. Imagine reading a license plate or newspaper from miles aloft. Bert and Jim have imagined and accomplished just that. Their design demands a six inch parabolic mirror accurate in curvature to millionths of an inch and eyepieces machined by hand to match the look and size of those used by Porter. With Dave Nugent and his son Tucker, they devised a clever and complicated system by which the mirror can be adjusted with lasers to achieve the best possible alignment.

The castings are irregular and curved and therefore must be embraced by complimentary shapes which hold them firmly for machining. Tenths of thousandths of an inch are dimensionally significant, yet Fred Schleipman commands that realm with the ease of an owl navigating dark forests. The proof is in the effortless mobility of the three axes, which swing with ease and gravitas, dry bronze against bronze. Finally, tiny screws and eyepiece housings, unavailable elsewhere, are machined, knurled, blackened and burnished, and bear the stamp of age and service. One wonders if Newton or Galileo used them.

The Porter Garden Telescope is manufactured and distributed by Telescopes of Vermont, a family owned and operated company founded by Fred and Russ Schleipman.

Un millionième de pouce

Le télescope est à la fois botanique et avien, une sculpture de bronze fluide rappelant les entités organiques qui peuplaient la planète dans la préhistoire. Equipé des pièces d'optique, il possède des yeux et s'éveille à la vie, paraissant presque montrer des signes d'intelligence. Ces yeux doivent s'approcher de la perfection, et les concepteurs Bert Willard et Jim Daley ont fait en sorte que cela en soit le cas. Membres principaux du Springfield Telescope Makers, ces messieurs ont dédié leur vie à la conception des engins mystérieux qui permettent aux satellites de réaliser l'impossible.

Imaginez de pouvoir lire une plaque d'immatriculation à des miles d'altitude. Bert et Jim ont imaginé et accompli tout cela. Leur conception nécessite un miroir parabolique de 6 pouces précis dans sa courbure jusqu'au millionième de pouce et des oculaires usinés à la main pour correspondre à l'apparence et à la taille de ceux utilisés par Porter. Avec Dave Nugent et son fils Tucker, ils ont inventé un système intelligent et complexe grâce auquel le miroir peut être ajusté avec des lasers pour obtenir l'alignement le plus parfait qu'il soit.

Les moulages sont irréguliers et courbés et de ce fait doivent être entourés par des formes supplémentaires qui les tiennent fermement en place pour l'usinage. Les dixièmes de millionièmes de pouce sont une dimension ayant leur importance, pourtant Fred Schleipman maîtrise ce domaine avec la facilité d'une chouette se déplaçant en forêt dans l'obscurité. Le mouvement sans effort des trois axes en est la preuve, en effet ceux-ci se balancent avec facilité et par gravité, bronze contre bronze. Enfin, de minuscules vis et logements d'oculaires, indisponibles ailleurs, ont été usinés, dentelés, noircis et vernis, et portent les traces de l'âge et de l'usure. On pourrait se demander si Newton ou Galilée ne les ont pas utilisées.

Le télescope Porter Garden est fabriqué et distribué par Telescopes of Vermont, une société familiale fondée par Fred et Russ Schleipman. Veuillez consulter le site internet pour une introduction plus complète.

Miljoensten van een duim

De telescoop is botanisch en airair, een vloeiend bronzen beeld dat doet denken aan organische entiteiten die de planeet in de prehistorie bevolkten. De optische elementen lijken wel levende ogen, waardoor het toestel bijna intelligent lijkt. Die ogen moeten flirten met perfectie en de ontwerpers Bert Willard en Jim Daley zorgden daarvoor. Als hooggeplaatste leden van de Telescoopbouwers van Springfield, maakten de beide heren het tot hun levenswerk om dit mysterieuze toestel te bouwen dat satellieten het onmogelijke laat doen. Beeld u in dat u een nummerplaat of een krant kunt lezen van op kilometers afstand. Bert en Jim hebben zich dat ingebeeld en ook gerealiseerd. Hun ontwerp vereist een paraboolspiegel van zes duim die in de kromming tot op miljoensten van een duim nauwkeurig is en oculairen die met de hand worden gemaakt volgens het model en de afmetingen van deze die Porter gebruikte. Samen met Dave Nugent en zijn zoon Tucker, vonden ze een vernuftig en ingewikkeld systeem uit waarbij de spiegel kan worden bijgesteld met lasers om de best mogelijke uitlijning te verkrijgen.

De gietvormen zijn onregelmatig en gebogen en moeten daarom worden omringd met aanvullende vormen die hen stevig vasthouden bij het gebruik. Tienduizendsten van een duim zijn dimensioneel significant, maar Fred Schleipman bestuurt dat rijk met het gemak van een uil die door donkere wouden vliegt. Het bewijs ligt in de moeiteloze mobiliteit van de drie assen, die met gemak bewegen, droog brons tegen brons. Tot slot worden minuscule schroeven en behuizingen voor oculairen die nergens anders beschikbaar zijn, vervaardigd, gekarteld, zwart gemaakt en gepolijst en dragen ze de stempel van ouderdom en dienst. Men zou zich bijna afvragen of Newton of Galileo ze nog gebruikt hebben.

Porters tuintelescoop wordt gemaakt en verdeeld door Telescopes of Vermont, een familiebedrijf dat werd opgericht door Fred en Russ Schleipman.

THE BALVENIE

Fluid Gold of The Balvenie

In 1892, William Grant decided to develop the Balvenie New House, originally a manor, into a distillery. Balvenie New House was situated in the heart of Speyside, one of the best known whisky regions in Scotland. On 1 May 1893, the first distillation took place and the Balvenie Distillery was born.

Originally, William Grant started out with two stills. Nowadays, The Balvenie has nine, its own malt floor and a coppersmith to maintain the stills. Furthermore, it grows its own barley and has an on-site workshop to maintain the casks. The distillery is unique in that respect and is therefore well known as the most self-supporting distillery in the world. Naturally, as a result of the increased production, The Balvenie also buys barley, but in actual fact, a large proportion is still produced in-house, reflected in the taste and the many golden medals the brand has won with its different whiskys.

L'Or Liquide des The Balvenie

En 1892, William Grant décide de transformer la Balvenie New House, à l'origine une maison de maître, en une distillerie. Balvenie New House était située au cœur de Speyside, l'une des régions de whisky les plus connues d'Ecosse. La première distillation a lieu le 1er mai 1893 et la distillerie The Balvenie était née.

William Grant a commencé à l'époque avec deux alambics (cuves), mais The Balvenie possède de nos jours neuf alambics, un sol à malt et un forgeron pour l'entretien des alambics. The Balvenie fait pousser sa propre récolte d'orge et possède même un atelier d'entretien pour les cuves. La distillerie est absolument unique à cet égard et c'est la raison pour laquelle The Balvenie est vue comme la distillerie la plus 'indépendante' au monde. Naturellement, suite aux grandes quantités de production, elle doit aussi acheter de l'orge aujourd'hui, mais le fait est que The Balvenie produit elle-même encore une grande partie et cela se retrouve dans le goût et dans les nombreuses médailles d'or que s'est vue décernée la marque avec ses différents whiskys.

Vloeibaar Goud van The Balvenie

In 1892 besloot William Grant het Balvenie New House, van oorsprong een herenhuis, om te bouwen tot een distilleerderij. Balvenie New House was gelegen in het hart van Speyside, een van de bekendste whiskyregio's van Schotland. Op 1 mei 1893 vond de eerste distillatie plaats en was The Balvenie Distillery geboren.

William Grant begon in die tijd met twee stills (ketels), maar inmiddels heeft The Balvenie negen stills, een eigen maltvloer en een kopersmid om de stills te onderhouden. Bovendien verbouwt The Balvenie zelf nog gerst en hebben ze een eigen werkplaats voor de vaten. Dit gegeven is absoluut uniek en The Balvenie wordt daarom ook wel gezien als de meest 'selfsupporting' distilleerderij ter wereld. Natuurlijk, onder invloed van de toegenomen productiehoeveelheden koopt men tegenwoordig ook gerst in, maar feit blijft dat The Balvenie nog een flink aandeel in-house produceert en dat is terug te vinden in de smaak -en de vele gouden medailles die het merk heeft gewonnen met zijn diverse whisky's.

www.thebalvenie.com

Malting

Attached to the distillery is Balvenie Mains Farm, which is set on four square kilometres of ground where the barley grows. Barley is malted to convert starch into soluble sugar which is an essential ingredient required to produce alcohol. In order to let the barley germinate, it is soaked, or 'steeped' in tanks with pure spring water from the Conval Hills. After three days, the barley is then spread out on the malt floor. The Balvenie is the last distillery in the Highlands which still has an active malt floor. The barley remains on the floor between five to seven days. The now green malt is then ready for the 'kiln' room, also called the dry or smoke area, recognisable by its pagoda roof.

Maltage

La ferme Balvenie Mains, proche de la distillerie The Balvenie, possède quatre kilomètres carrés de terrain où pousse l'orge.
Cette orge est utilisée pour le maltage. Le maltage est réalisé pour obtenir un sucre soluble, un ingrédient important pour la fabrication d'alcool. Afin de laisser germer l'orge, celui-ci est d'abord mis dans des réservoirs, nommés 'steeps', avec de l'eau de source pure venant de Conval Hills. L'orge est dispersée sur le sol à malt après trois jours. The Balvenie est la seule distillerie des Highlands à utiliser son propre sol à malt. L'orge reste étalée cinq à sept jour sur ce sol. Ensuite le malt vert est déplacé vers le 'kiln-room', nommé également espace sec ou de fumage. Celui-ci est facilement remarquable grâce à sa toiture en forme de pagode.

Mouten

De boerderij Balvenie Mains, dichtbij The Balvenie destilleerderij, bezit vier vierkante kilometer grond waar de gerst wordt verbouwd. Deze gerst wordt gebruikt om te mouten. Het mouten gebeurt om oplosbare suikers te verkrijgen, een belangrijk ingrediënt om alcohol te produceren. Om de gerst te laten ontkiemen wordt hij eerst in tanks, zogenaamde "steeps", met zuiver bronwater uit de Conval Hills gedaan. Na drie dagen wordt de gerst vervolgens uitgespreid over de maltvloer. The Balvenie is de enige distilleerderij in de Highlands met nog eigen, in gebruik zijnde maltvloer. Hierop blijft de gerst vijf tot zeven dagen liggen. Vervolgens wordt de nu groene mout verplaatst naar de "kiln-room", ook wel droog- of rookruimte genaamd. Deze is duidelijk herkenbaar aan de pagode-vorm van het dak.

DRYING

Kilning, or drying, stops the green malt from germinating. It is spread evenly across the perforated metal floor. Below, a fire fuelled with anthracite and peat is started. To guarantee the typical flavour of The Balvenie, peat is only used for the first twelve hours. During the second stage, only anthracite is used. When the germination is stopped, the malt is transferred to a 'mash tun'.

SÉCHAGE

Le 'kilning' ou séchage arrête la germination du malt vert. Le malt est dispersé de façon proportionnelle sur un sol en métal avec des trous et on allume, sous ce sol, un feu de charbon et de tourbe. Afin de garantir le goût caractéristique de The Balvenie, le feu est entretenu avec de la tourbe et du charbon pendant les douze premières heures. Ensuite seul du charbon va être utilisé. Le malt est alors transporté vers des 'mash tun' lorsque la germination a pris fin.

DROGEN

Kilning, ofwel drogen, stopt het ontkiemen van de groene mout. De mout wordt evenredig verspreid over een metalen vloer met gaatjes en onder deze vloer wordt een vuur gemaakt met kolen en turf. Om de karakteristieke smaak van The Balvenie te waarborgen wordt alleen de eerste twaalf uur gestookt met turf en kolen. Vervolgens gaat men over op kolen alleen. Wanneer het ontkiemen is gestopt wordt de mout overgebracht naar een zogenaamde "mash tun".

MASHING AND FERMENTING

Before the malt is transferred, it is first ground to grist. The mash tun is filled with a mix of grist and spring water from the Conval Hills which is heated to 64C°, allowing the release of sugars from the grist. The fluid that is now transferred to the washbacks is called 'wort'. Yeast is added to the worth as it is passed from the cooler into the washbacks. Two to three days later, the liquid, now called 'wash', is ready to be pumped through to the stillroom.

PRESSAGE ET FERMENTATION

Avant que le malt ne soit conduit dans les 'mash tun', celui-ci est moulu sous forme de farine. Le 'mash tun' est rempli avec un mélange de farine et d'eau de source venant de Conval Hills. Ce mélange est chauffé jusqu'à une température de 64C°, grâce à laquelle les sucres se libèrent de la farine. L'on appelle 'wort' le liquide s'écoulant dans les citernes ou 'wash backs'. De la levure est alors ajoutée lors du refroidissement et le pompage vers les citernes. Après deux ou trois jours, on obtient un liquide appelé 'wash' qui peut être alors dirigé vers l'alambic.

MALEN EN FERMENTEREN

Voordat de mout naar de "mash tun" gaat, wordt hij eerst gemalen tot meel. De "mash tun" wordt gevuld met een mix van het meel en bronwater uit de Conval Hills. Dit geheel wordt verhit tot een temperatuur van 64C°, waardoor de suikers vrijkomen uit het meel. De vloeistof die nu in de "washbacks" gaat noemt men "wort". Tijdens het afkoelen en overpompen naar de "washbacks" wordt er gist toegevoegd. Na zo'n twee tot drie dagen heeft men een vloeistof die "wash" genoemd wordt. Deze "wash" gaat naar de "still-room".

DISTILLATION

The first distillation of the beer-like wash, with an alcohol percentage of 7 to 9%, takes place in a 'wash still'. The wash is then heated and the alcohol level increases. The vapour rises up to the well-known neck of the still, where it is cooled and liquefied into fluid alcohol. The second distillation takes place in the 'spirit still'. The alcohol, which is now 22% in strength, is distilled again and directed through the 'spirit safe'. The 'stillman' then decides which part will be turned into whisky by waiting for the 'middle cut', which has a percentage of more than 70%. The flow is redirected to the spirit receiver. The distillate that is low in alcoholic strength, the initial and last flows, are redirected into the 'feints receiver' for redistillation.

DISTILLER

Le 'wash' ressemblant à de la bière, avec un pourcentage d'alcool de 7 à 9%, est distillé une première fois dans l'alambic. Le 'wash' est alors chauffé et le pourcentage d'alcool augmente. Cette vapeur passe par le cou bien connu de l'alambic, où il est refroidi et se transforme en liquide. Ensuite, il passe par l'alambic 'spirit still'. Cet alcool, maintenant fort de 22°, est à nouveau distillé et guidé vers le 'spirit safe'. Le 'still-man' détermine maintenant quelle partie va être conservée pour fabriquer du whisky et attend d'obtenir la meilleure partie, nommée 'middle cut', avec un pourcentage de 70%. Celle-ci va vers le 'spirit receiver'. Les parties moins riches, en amont et en aval, vont vers le 'feint receiver' pour êtres à nouveau distillées.

DISTILLEREN

De bier-achtige "wash", met een alcoholpercentage van zo'n 7 tot 9%, wordt voor het eerst gedistilleerd in een "wash still".
Hierbij wordt de "wash" verhit en stijgt de alcohol op. Deze damp gaat door de welbekende nek van de "still", alwaar het wordt gekoeld en overgaat in vloeibare alcohol. Vervolgens gaat het door naar de "spirit still". De alcohol, nu zo'n 22% sterk, wordt opnieuw gedistilleerd en naar de "spirit safe" geleid. De "still-man" bepaalt nu welk gedeelte wordt bewaard om whisky te worden en hij wacht daarvoor op het beste gedeelte, de zogenaamde "middle cut", met een percentage van ruim 70%. Dit gaat naar de "spirit receiver". De mindere gedeelten, voor- en naloop, gaan naar de "feint receiver" om opnieuw te worden gedistilleerd.

Maturation

This brings us to the longest part of the whisky making process, the maturation. Before the alcohol is poured into casks, water from the Conval Hills is once again added to reduce the percentage to exactly 63.5%, the ideal strength for good maturation. Next, the alcohol is poured into the oak casks. The Balvenie only uses casks that have been used before and maintains or remodels them themselves. The used casks have a profound influence on the flavour of Scottish whisky. Many of them come from America and are originally bourbon casks, although the use of old sherry and wine casks is common too. As the alcohol comes into contact with the wood and its subtle flavours and scents contained within, the taste of the whisky becomes partly influenced. A cask previously used for bourbon will bring out an entirely different taste to the whisky than one used for sherry. In addition, weather and temperature will also be of influence during the aging process.

Affinage

Ceci nous amène au processus le plus long de la fabrication du whisky, à savoir l'affinage. Avant de mettre l'alcool en tonneaux, de l'eau de Conval Hills est à nouveau ajoutée, pour obtenir un pourcentage exact de 63,5%,
 le taux idéal pour ce processus d'affinage. L'alcool est ensuite mis dans des tonneaux en bois. The Balvenie utilise des tonneaux déjà utilisés et répare ou entretient ces derniers. Des tonneaux usagés sont utilisés pour l'affinage du whisky écossais afin d'influencer le goût. Beaucoup d'entre eux proviennent d'Amérique et sont, à l'origine, des tonneaux en chêne pour le bourbon, mais également des tonneaux utilisés pour le sherry et le vin. Cela va déterminer en partie le goût du whisky car l'alcool entre en contact avec le bois et les arômes contenus dans celui-ci. Un tonneau utilisé auparavant pour le bourbon donnera un tout autre goût au whisky qu'un tonneau utilisé pour du sherry. La température, en outre, influence également le processus d'affinage.

Rijping

Daarmee zijn we aangekomen bij het langst durende proces van whisky maken, namelijk het rijpen. Voordat de alcohol in vaten wordt gedaan voegt men wederom water toe van de Conval Hills, om op een percentage van exact 63,5% uit te komen, de ideale sterkte voor dit rijpingsproces. Vervolgens wordt de alcohol in houten vaten gedaan. The Balvenie werkt hierbij met gebruikte vaten en onderhoudt of vermaakt deze in eigen beheer.
Om de smaak te beïnvloeden wordt Schotse whisky namelijk veelal gerijpt in gebruikte vaten. Veel daarvan komen uit Amerika en zijn van origine eiken bourbonvaten, maar ook het gebruik van oude sherry- en wijnvaten komt voor. Omdat de alcohol in aanraking komt met het hout en de hierin opgeslagen smaak- en geurnuances, bepaalt dit voor een gedeelte de smaak van de whisky. Een gebruikt bourbonvat zal een hele andere toon aan de whisky geven dan een sherryvat. Daarnaast hebben ook weer en temperatuur tijdens het rijpingsproces hun invloed.

The Balvenie has to uphold a tradition with regard to used casks. The excellent choice of casks and their maintenance, which is all performed on-site, have lead to a very steady and good supply of whiskys. One of the most famous that The Balvenie brews is the 12 Year old DoubleWood. After the first stage of maturation in a traditional oak whisky cask, the whisky is then transferred to a first fill Spanish sherry cask, giving it a spicy, though soft sherry flavour.

Another excellent whisky is the PortWood 21 Years. To create this unique whisky, it is first matured in traditional oak casks and then transferred to port casks. Here it is sampled every month to ensure that just the right amount of character is imparted by the port casks whilst preserving its original characteristics. This whisky received a golden medal in 2005 at the International Spirits Challenge.

The Signature, aged 12 Years, should not go unnoticed in between the many other whiskys of The Balvenie. A limited release and a true masterpiece of David Steward, the Malt Master of The Balvenie, this signature whisky was created to celebrate his 45 years in the industry. Signature is a perfect marriage of three cask types. The fruity and spicy aromas originate from the sherry casks, the bourbon casks add the honey and subtle vanilla of the oak, and the 'refill casks' contribute the delicate sweet notes and softness to the malt. The result is a The Balvenie whisky, striking a perfect balance between spicy and subtle wood notes and the distinguishable character of The Balvenie's honey aromas.

The Balvenie a une tradition à tenir au sommet en matière de tonneaux. Leur choix excellent en matière de tonneaux et l'entretien de ceux-ci dans leur propre atelier, fait en sorte que leurs whiskys soient bons et de qualité constante. L'une des productions les plus connues de The Balvenie est le 12 year DoubleWood. Après un premier stade d'affinage dans un tonneau à whisky traditionnel en chêne, celui-ci est transvasé dans un tonneau espagnol utilisé une seule fois pour du sherry. Cela lui donne le goût épicé et doux à la fois du sherry.

Un autre excellent whisky est le PortWood 21 years. Afin de créer cet excellent whisky, celui-ci est d'abord affiné dans des tonneaux de chêne traditionnels. Ensuite, il est transvasé dans des tonneaux à porto. Un échantillon est dès lors prélevé tous les mois, afin d'être certain que le caractère du premier affinage soit gardé, complété avec la bonne quantité de caractère du tonneau à porto. Ce whisky a été couronné en 2005 d'une médaille d'or à l' International Spirits Challenge.

En plus des autres whiskys The Balvenie, il faut donner une attention toute particulière au 12 year Signature. Une édition très spéciale et un chef-œuvre de David Stewart, le maître de maltage de The Balvenie. Il a pu mettre sa 'signature' sous le 45ème anniversaire de l'industrie du whisky. Signature est un parfait mariage de trois sortes de tonneaux. Les arômes riches de fruits et d'herbes proviennent des tonneaux de sherry, les tonneaux de bourbon offrent la vanille du bois de chêne et le miel, les fûts de recharge ou 'refill casks' donnent des tons sucrés et de la douceur au malt. Le résultat est un whisky The Balvenie où l'on retrouve un équilibre fantastique entre les arômes épicés et subtils du bois et les arômes de miel si reconnaissables chez The Balvenie.

The Balvenie heeft een traditie hoog te houden wanneer het gaat om de gebruikte vaten. De uitstekende keuze van vaten en het onderhoud hiervan in hun eigen werkplaats heeft geleid tot zeer constante en goede whisky's. Een van de bekendste The Balvenie bottelingen is de "12 year DoubleWood". Na een eerste stadium van rijpen in een traditioneel eiken whiskyvat, wordt deze whisky in eenmalig gebruikte Spaanse sherryvaten gedaan. Dit geeft een spicy en toch zachte sherrysmaak.

Een andere, zeer goede whisky is de "PortWood 21 years". Om deze bijzondere whisky te creëren wordt er eerst gerijpt in traditionele eiken vaten. Vervolgens wordt de whisky overgebracht naar portovaten. Vanaf dat moment wordt er elke maand een staal genomen, om er zeker van te zijn dat het karakter van de eerste rijping bewaard blijft, aangevuld met de juiste hoeveelheid karakter van het portovat. Deze whisky werd in 2005 beloond met een gouden medaille op de International Spirits Challenge.

Naast de vele andere whisky's van The Balvenie, mag speciale aandacht voor de "12 year Signature" niet ontbreken. Een zeer speciale uitgave en een waar meesterwerk van David Stewart, de "Malt Master" van The Balvenie. Hij mocht hiermee zijn "handtekening" zetten onder zijn 45-jarige jubileum in de whisky-industrie. Signature is een perfect huwelijk van drie soorten vaten. De rijke fruitige en kruidige aroma's komen van de sherryvaten, de bourbonvaten voegen het subtiele vanille van het eikenhout en de honing tonen toe, de "refill casks" geven de delicate zoete tonen en de zachtheid aan de malt. Het resultaat is een The Balvenie whisky, waarin de balans tussen kruidige en subtiele houttonen zich uitstekend verhoudt tot het voor The Balvenie herkenbare karakter van honing aroma's.

WILLIAM HENRY STUDIO

The Cutting Edge in Knife Making

William Henry Studio was founded by Matthew William Conable and Michael Henry Honack in early 1997. Their vision, which remains unchanged, was to build a studio that was committed to producing the finest tools possible. Michael brought start-up capital and business experience, while Matt was and is the creative force behind the studio and the brand. For 10 years the studio's sole focus was pocket knives – cutting instruments in a league of their own. Over the last two years, Matt has designed and started producing fine writing instruments and money clips that build on the original brand vision of superlative functional art.

Le Côté Coupant de la Fabrication de Couteaux

William Henry Studio a été fondé par Matthew William Conable et Michael Henry Honack au début de l'année 1997. Leur vision, qui reste inchangée, était de construire un studio où l'on produirait les meilleurs instruments possibles. Michael apporta le capital de départ et l'expérience commerciale, tandis que Matt était et est toujours la force créatrice dans les coulisses du studio et de la marque. Pendant 10 ans, le seul objectif du studio a été les couteaux de poche – des instruments coupants dans une catégorie qui leur est propre. Au cours des deux dernières années, Matt a conçu et a commencé à produire de superbes instruments d'écriture et des porte-monnaies qui continent de bâtir la vision originale de la marque en termes de beaux arts fonctionnels.

Het Summum op Gebied van Messen

De William Henry Studio werd in het begin van 1997 opgericht door Matthew William Conable en Michael Henry Honack. Hun visie, die onveranderd is gebleven, bestond erin om een atelier te bouwen dat gericht was op het vervaardigen van de best mogelijke werktuigen. Michael bracht het startkapitaal en de zakelijke ervaring in, terwijl Matt de creatieve kracht was en is achter het atelier en het merk. Tien jaar lang werden er in het atelier vooral zakmessen gemaakt – snij-instrumenten enig in hun soort. De afgelopen twee jaar is Matt bezig geweest met het ontwerpen en in productie brengen van schrijfgerij en geldklemmen die voortbouwen op de originele merkvisie van zichzelf overtreffende toegepaste kunst.

www.williamhenrystudio.com

Prior to starting William Henry, Matt was a celebrated craftsman and knifemaker whose work was recognized at shows across the USA, including awards from the Smithsonian Institution and the Philadelphia Museum of Art.
William Henry Studio, under Matt's guidance, has received an unprecedented 16 industry awards in just 12 years. These awards, which range from Overall Knife of the Year to Investor/Collector Knife of the Year, are the cutlery industry's most prestigious and esteemed honors. From a vision between two partners whose passion was for fine knives and the perfect marriage between form and function; a company whose products offer discriminating buyers and collectors the opportunity to own a unique tool and art piece of the highest caliber.

Avant de commencer William Henry, Matt était un artisan célèbre et un coutelier dont le travail était reconnu dans des salons à travers les USA, avec des récompenses obtenues auprès de la Smithsonian Institution et du Philadelphia Museum of Art.
William Henry Studio, sous les conseils de Matt, a reçu 16 récompenses émanant de l'industrie en tout juste 12 ans, ce qui est un record sans précédent. Ces récompenses vont de l'Overall Knife of the Year à l'Investor/Collector Knife of the Year, qui sont les honneurs les plus prestigieux et les plus estimés de l'industrie de la coutellerie : l'hommage à une vision partagée par deux partenaires passionnés de beaux couteaux et du mariage parfait entre la forme et la fonction, l'hommage à cette société dont les produits offrent aux acheteurs et aux collectionneurs avertis l'opportunité de posséder un outil unique, une œuvre d'art du calibre le plus élevé.

Alvorens hij William Henry opstartte, was Matt een gevierd ambachtsman en messenmaker wiens werk erkenning genoot op beurzen in heel de Verenigde Staten, en prijzen kreeg van ondermeer de Smithsonian Institution en het Philadelphia Museum of Art.
Onder de leiding van Matt kreeg de William Henry Studio een nooit eerder gezien aantal van 16 industriële prijzen in slechts 12 jaar. Deze prijzen, die gaan van "Overall Knife of the Year" tot "Investor/Collector Knife of the Year", zijn de meest prestigieuze en gewaardeerde eerbetuigingen van de messenindustrie. Ze zijn een eerbetoon aan een visie van twee partners met een passie voor fijne messen en de perfecte combinatie van vorm en functie; een bedrijf wiens producten kieskeurige kopers en verzamelaars de kans bieden om eigenaars te worden van een instrumenten en kunstwerken van het hoogste kaliber.

STATE OF THE ART

William Henry starts with a quality standard, and every aspect of their production system is solely focused towards achieving that standard in each piece they create. Components are made using state of the art technology like lasers, water-jet, CNC machining, and precision lathe work – these technologies allow for parts that are measurably precise within 0.0005 inches (about 1/10 of a human hair). This precision creates the framework for the exacting finish work and final look and feel of each William Henry creation, completely hand finished in the studio.

Each studio piece is hand assembled from components and taken through over 225 individual steps to create the seamless finish, elegant polish, soft feel in the hand, and smooth action that have become William Henry signature marks. Sanding, buffing, hand texturing, and a myriad of other techniques are used to blend the disparate materials into an composed whole that serves first and last as a companion tool, but always as a piece of art.

A LA POINTE

William Henry commence le travail en se basant sur un standard de qualité, et chaque aspect de leur système de production est uniquement concentré sur la réalisation de ce standard pour toute pièce créée. Les composants sont fabriqués en utilisant les technologies de pointe comme les lasers, le jet d'eau, les machines à commande numérique et le travail au tour de précision – ces technologies permettent aux pièces d'avoir une précision mesurable à 0,0005 pouces près (environ 1/10 d'un cheveu humain). Cette précision crée le cadre du travail final strict et le look final et au toucher de chaque création William Henry, terminée entièrement à la main dans le studio.

Chaque pièce du studio est assemblée à la main à partir des composants et passe par plus de 225 étapes individuelles pour créer la finition homogène, l'aspect poli élégant, la sensation de douceur en main et le mécanisme parfait qui sont devenus les marques de fabrique de William Henry. Le ponçage au papier de verre, le polissage, la finition du grain à la main et une multitude d'autres techniques sont employées pour mélanger les matériaux disparates en un tout composé qui sert une fois pour toute d'instrument de compagnie, tout en restant toujours une œuvre d'art.

DE ALLERNIEUWSTE TECHNOLOGIE

William Henry vertrekt vanuit een kwaliteitsstandaard, en elk aspect van hun productiesysteem is uitsluitend gericht op het bereiken van die standaard in elk stuk dat ze creëren. Componenten worden gemaakt met de meest geavanceerde technologieën zoals laser, waterjet, numeriek gestuurde machines en precisiedraaiwerk, die toelaten dat onderdelen meetbaar nauwkeurig zijn tot op 0,0005 duim (ongeveer 1/10 van een mensenhaar). Deze precisie levert het raamwerk voor de veeleisende afwerking en de manier waarop elke creatie van William Henry, die volledig met de hand in het atelier wordt afgewerkt, er uiteindelijk uitziet of aanvoelt.

Elke stuk in het atelier wordt met de hand geassembleerd op basis van componenten en doorloopt 225 individuele stappen om de naadloze afwerking, de elegante glans, het zachte gevoel in de hand en de soepele werking te waarborgen die kenmerkend zijn voor de producten van William Henry. Schuren, opblinken, textuur geven met de hand en duizenden andere technieken worden gebruikt om de uiteenlopende materialen te laten versmelten tot één geheel dat eerst en vooral dienst doet als een werktuig maar dat ook altijd een kunstwerk is.

William Henry incorporates a range of exquisite materials. Frames are built from aerospace grade Titanium, exotic forged metals like damascus and mokume. They are inlayed with exquisite natural materials like fossil wooly mammoth tooth and ivory, shell, hard-wood, carbon fiber and a host of others. Knife blades are crafted from the very finest high-carbon stainless steels and hand-forged damascus steels. Pocket knives, writing instruments, and money clips are constructed with custom threaded mechanical precision, often with stainless micro-screws and teflon bushings for superb action, tension control, and easy disassembly and adjustment.

Beyond the studio, Matt has searched the world over to bring exceptional techniques from jewelry, knifemaking, and adornment to bear in the William Henry product line. The final polish of each blade is done by hand by a master bladesmith in Japan, the fine Koftgari gold inlay is done by experts in India, the sterling and gold granulation and carvings done by master craftsmen in Bali. The remarkable damascus blades are made from billets hand forged by mastersmiths in North Carolina, Nevada, and elsewhere across the USA whose work has set the standard for high performance damascus blade steel. Carbon fiber parts are sourced from the finest material and machined to exacting standards by a shop that specializes in carbon fiber; the same is true of William Henry's titanium parts. An average knife from the William Henry studio involves 14 separate shops in four states and three countries – in total over 800 steps by 30 or more artisans across an average production time of eight months.

William Henry utilise une variété de matériaux haut de gamme. Les armatures sont faites en titane de qualité aérospatiale, des métaux exotiques forgés comme l'acier damassé forgé à la main et le mokumé, elles sont incrustées de matériaux naturels haut de gamme comme la dent de mammouth laineux fossile et l'ivoire fossilisé, le coquillage, les bois durs exotiques, la fibre de carbone et bien d'autres matériaux rares et exquis.
Les lames de couteau sont fabriquées dans des aciers inoxydables les plus fins et les aciers damassés forgés à la main. Les couteaux de poche, les instruments d'écriture et les porte-monnaies sont fabriqués avec une précision mécanique personnalisée, souvent avec des micro-vis en inox et des bagues en téflon pour un superbe mécanisme, un contrôle de la tension et un réglage aisés.

Hors du studio, Matt a parcouru le monde à la recherche de techniques exceptionnelles issues de la joaillerie, de la coutellerie et de parures pour les intégrer dans la ligne de production de William Henry. Le polissage final de chaque lame est réalisé à la main par un maître aiguiseur au Japon, l'incrustation d'or fin de Koftgari est faite par des experts en Inde, le granulage et les sculptures en argent et en or fins sont réalisées par des artisans à Bali. Les lames damassées remarquables sont faites à partir de billettes forgées à la main par des maîtres forgerons en Caroline du Nord, au Nevada et partout aux USA où l'acier damassé est le standard pour les lames de très haute performance. Les pièces en fibres de carbone proviennent des matériaux les plus raffinés et sont usinées selon des critères exigeants par un magasin spécialisé dans les fibres de carbone, la même chose est aussi de mise pour les pièces en titane de William Henry. Un couteau moyen de William Henry studio implique 14 magasins distincts dans quatre états et trois pays - au total, plus de 800 étapes effectuées par 30 artisans ou plus, durant un temps de production moyen de huit mois.

William Henry maakt gebruik van een reeks bijzondere materialen. De frames worden gebouwd van een titaniumsoort die wordt gebruikt in de ruimtevaart, exotisch gesmede staalsoorten zoals damascener staal en mokume.
Ze worden ingelegd met bijzondere materialen zoals fossiele tanden van de wolharige mammoet en ivoor, schelp, hardhout, koolstofvezel en vele andere. De lemmeten van de messen worden gemaakt van het beste roestvrij staal met een hoog koolstofgehalte en met de hand gesmeed damascener staal. Zakmessen, schrijfgerief en geldklemmen worden geassembleerd met op maat gemaakte mechanische precisiestukken met schroefdraad en zijn vaak voorzien van roestvrije microschroeven en teflonmoffen voor een uitstekende werking, spanningscontrole en gemak van demontage en aanpassing.

Naast zijn werk in het atelier heeft Matt de wereld afgezocht naar uitzonderlijke technieken uit de sector van de juwelen, de messenfabricage en de sierraden om deze te integreren in de productlijn van William Henry.
Het eindpolijsten van elk lemmet gebeurt met de hand, door een meester-lemmetsmid in Japan, het fijnste Koftgari-goud wordt ingelegd door experts in India, de sterling en gouden korrelstructuur en graveerwerk zijn van de hand van meester-ambachtslieden in Bali. Hun opmerkelijke damascener lemmeten zijn gemaakt van staven die met de hand gesmeed worden door meester-smeden in North Carolina, en elders in de V.S., wier werk de standaard zet voor topkwaliteit bladen in damascener staal. De onderdelen in koolstofvezel zijn afkomstig van de beste grondstoffen en worden verwerkt volgens ver doorgevoerde standaarden, door een atelier dat gespecialiseerd is in koolstofvezel; hetzelfde geldt voor de titaniumonderdelen van William Henry. Aan een gemiddeld mes van William Henry komen 14 ateliers te pas uit vier staten en drie landen – wat in totaal neerkomt op meer dan 800 stappen door 30 of meer ambachtslieden gedurende een gemiddelde productieperiode van acht maanden.

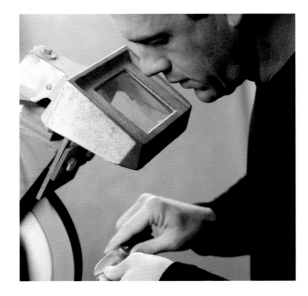

LIMITED PRODUCTION

Due to the intensive and complex nature of the production process, every William Henry creation is part of a limited edition. Edition sizes range from as few as 1 to as many as 500, but never larger, and every studio piece is serial numbered and furnished with a Certificate of Authenticity that describes the tool in detail, down to the date completed. Production is so limited, in fact, that a 500 piece edition generally takes 3 years for the studio to complete! William Henry Studio creates a wide variety of cutting instruments, writing instruments, and money clips that range from simple to ornate, from rugged tools to the most refined pieces worthy of discerning collectors.
As a designer, Matt works to ensure that every William Henry is an optimal companion tool. No adornment is used if it will not stand up to daily use, no blade steels are used for aesthetics over performance, and materials like titanium help reduce weight without sacrificing strength.

"My designs belong in a pocket or purse on a daily basis. From my background in knifemaking, I understand the knife as tool in two dimensions – the first is as a cutting tool in a natural and comfortable extension of the hand. The second is as a package to carry with you – it needs to be as easy and comfortable to carry as it is to use. To this end, I like softer lines, less weight, rounded corners, and minimal size. The intrigue of knife design is the obvious hardness of a knife edge and the ways you can create softness all around the edge. The edge does the work – the rest of the knife makes it a pleasure to do the work.
This same rigorous approach translates to writing instruments and other pieces that illustrate William Henry's signature style. If you build a superlative tool, understanding it as superlative art, you offer your customer the chance to feel joy while simply engaging the mundane tasks of everyday. The tools you use inform who you are, and life is too short to fail to make the most of every experience. William Henry is like driving a fine car – you can just get where you're going, or you can love every minute of the ride. We bring that joyful expression into a range of tools and tasks rarely explored beyond minimum utility."

William Henry began with pocket knives, but with the range of expertise they have developed, the brand is building towards a broader vision of fine functional art for men. New products are in development, with the original vision still defining each step; to build the finest tools possible.

PRODUCTION LIMITÉE

Etant donné la nature intensive et complexe du processus de production, chaque création William Henry fait partie d'une édition limitée. Les tailles des éditions varient de 1 à 500 mais jamais plus et chaque pièce du studio a un numéro de série et elle est fournie avec un certificat d'authenticité qui décrit l'instrument en détail, jusqu'à la date de sa réalisation. En fait, la production est si limitée qu'il faut généralement 3 ans au studio pour terminer une édition de 500 pièces!
William Henry Studio crée une grande variété de couteaux, d'instruments d'écriture et de porte-monnaies qui vont de la simple pièce à orner, aux instruments solides et aux pièces les plus raffinées dignes de collectionneurs avertis. En tant que designer, Matt travaille pour veiller à ce que chaque William Henry soit un instrument de compagnie optimal. On n'utilise aucune parure si elle ne résiste pas à l'utilisation quotidienne, aucun acier de lame n'est utilisé si l'esthétique passe avant la performance et des matériaux comme le titane permettent de réduire le poids sacrifier à la robustesse.

« Mes créations tiennent dans une poche ou dans un portefeuille tous les jours. En partant de mon passé dans la coutellerie, je vois le couteau comme un instrument à deux dimensions – la première est un instrument coupant dans un prolongement naturel et confortable de la main. La seconde est un paquet que vous transportez avec vous – il doit être aussi facile et confortable à transporter qu'il l'est à l'usage. A cette fin, j'aime les lignes plus douces, moins de poids, des angles arrondis et une taille minimum. L'intrigue du design de couteau est la difficulté évidente du tranchant du couteau et des façons de pouvoir créer de la douceur tout autour du tranchant.
Le tranchant fait le travail – le reste du couteau donne du plaisir à faire le travail.
Cette même approche rigoureuse s'applique aux instruments d'écriture et aux autres pièces qui illustrent le style de signature de William Henry. Si vous créez un instrument exceptionnel, comprenez par là un art exceptionnel, vous offrez la chance à votre client d'être heureux quand il accomplit les tâches courantes de tous les jours. Les instruments que vous utilisez disent qui vous êtes, et la vie est trop courte pour ne pas parvenir à faire la plupart de toutes les expériences. William Henry est comme conduire une belle voiture – vous pouvez simplement aller où vous devez vous rendre ou vous pouvez adorer chaque minute de votre trajet. Nous vous offrons ce sentiment agréable dans une gamme d'instruments et de tâches qui n'ont jamais été envisagées plus loin que pour une utilité minimum. »

William Henry a commencé avec des couteaux de poche, mais avec l'expertise qu'ils ont développé, la marque est en train de construire une vision plus large des beaux arts fonctionnels pour homme. De nouveaux produits sont en cours de développement, avec la vision originale définissant toujours chaque étape, pour fabriquer les plus beaux instruments possibles. »

GELIMITEERDE PRODUCTIE

Door de intensieve en complexe aard van het productieproces, maakt elke creatie van William Henry deel uit van een gelimiteerde editie. De grootte van de oplages varieert van 1 tot 500 stuks, maar nooit meer, en elk stuk dat het atelier verlaat, krijgt een serienummer en een echtheidscertificaat waarop het werktuig in detail wordt beschreven, tot en met de datum van voltooiing. De productie is dermate beperkt dat het over het algemeen 3 jaar duurt om een editie van 500 stuks te voltooien!
De William Henry Studio creëert een uitgebreid gamma snij-instrumenten, schrijfgerief en geldklemmen, van eenvoudig tot bewerkt, van stevig gereedschap tot de meest geraffineerde stukken die de meest veeleisende verzamelaars waardig zijn. Als ontwerper bestaat het werk van Matt erin ervoor te zorgen dat elke William Henry een optimaal gebruiksvoorwerp wordt. Er wordt geen versiering aangebracht als ze het dagelijks gebruik niet doorstaat; bij bladstaal primeren de esthetische kwaliteiten nooit op de prestatie, en materialen zoals titanium helpen het gewicht te verlagen zonder de sterkte op te offeren.

"Mijn ontwerpen horen dagelijks thuis in een zak of een tas. Vanuit mijn achtergrond op het vlak van het maken van messen, zie ik het mes als werktuig in twee dimensies – de eerste is als snij-instrument in een natuurlijke en comfortabele extensie van de hand. De tweede is als voorwerp om met zich mee te dragen – het moet even gemakkelijk en comfortabel mee te nemen zijn als het te gebruiken is. Daarom houd ik van zachtere lijnen, een lager gewicht, afgeronde hoeken en minimale afmetingen. Het intrigerende van het ontwerpen van messen is de duidelijke hardheid van de snee van een mes en de manieren waarop daaromheen zachtheid kan worden gecreëerd.
De snee doet het werk – de rest van het mes maakt het een plezier om het werk te doen.
Dezelfde rigoureuze aanpak kan worden vertaald naar schrijfinstrumenten en andere stukken die de eigen stijl van William Henry illustreren. Als je een superieur werktuig bouwt en je begrijpt het als zichzelf overstijgende kunst, bied je je klant de kans om vreugde te ervaren tijdens het uitvoeren van de gewone routinetaken. De werktuigen die je gebruikt, zeggen iets over wie je bent, en het leven is te kort om niet het beste uit elke ervaring te halen. William Henry is zoals rijden met een mooie wagen – je kunt gewoon de plaats trachten te bereiken waar je heen moet of je kunt genieten van elke minuut van de reis. Wij brengen u die vreugdevolle expressie in een gamma werktuigen en taken die zelden verder werden geëxploreerd dan voor hun minimale nut."

William Henry begon met zakmessen, maar met de expertise die ze hebben opgebouwd, evolueert het merk naar een ruimere visie op gesofisticeerde toegepaste kunst voor mannen. Er worden nieuwe producten ontwikkeld, waarbij de originele visie nog elke stap definieert; om het best mogelijke werktuig te bouwen.

WIESMANN

The Boyhood Dream of a Grown-up Car

Many small boys dream of designing their own car, but the Wiesmann brothers actually did it. It helped that their parents ran a car dealership that gave them a childhood filled with opportunities to tinker. But then the brothers grew up, combined their engineering and marketing talents and went on to make and sell the gorgeous sports cars they dreamed up. "It all began when my brother and I visited the Essen Motor Show in 1985," recalls managing director and co-founder Friedhelm Wiesmann. "We were looking for cars with a with a fascinating nostalgic shape and contemporary technology; something akin to what the British roadsters were in the Sixties. But there was nothing like that, and this gave us the idea to realize our dream car ourselves."

The brothers decided to build a good old-fashioned roadster, but with state-of-the-art technology, as a symbiosis of classical design and modern engineering. It would be the fulfilment of their childhood dream. Studying in detail a cut-away version of a sports car at the Essen show, Martin Wiesmann came to the conclusion that it really wasn't that complicated, and that such a project was within his grasp. The brothers discussed the idea and set about building their dream, sketches for the styling being their first concern.

Un Rêve d'Enfant Devenu une Voiture du 21ème Siècle

De nombreux petits garçons rêvent de concevoir leur propre voiture mais les frères Wiesmann l'ont vraiment fait. Le fait que leurs parents aient été concessionnaires les a aidés et leur a permis de bricoler pendant toute leur jeunesse. Mais lorsque les frères ont grandi, ils ont combiné leur talents d'ingéniérie et de marketing et ont commencé à fabriquer et à vendre les magnifiques voitures de sports dont ils rêvaient. « Tout a commencé lorsque mon frère et moi avons visité le salon Essen Motor Show en 1985, se souvient le directeur général et co-fondateur Friedhelm Wiesmann. Nous cherchions des automobiles ayant à la fois une ligne nostalgique fascinante et offrant la technologie moderne; quelque chose ressemblant aux roadsters britanniques des années soixante. Mais il n'y avait rien de tout cela et nous avons alors eu l'idée de réaliser nous-mêmes notre voiture de rêve. »

Les frères ont décidé de construire un bon vieux roadster, mais avec une technologie de pointe, le tout étant une symbiose du design classique et de l'ingéniérie moderne. Cela serait la réalisation de leur rêve de jeunesse.En étudiant en détail une version élaguée d'une voiture de sports au salon Essen show, Martin Wiesmann est arrivé à la conclusion que cela n'était pas vraiment très compliqué et qu'un tel projet était à sa portée. Les frères ont discuté de l'idée et se sont mis à construire leur rêve, sachant que les croquis de style seraient leur première préoccupation.

De Jongensdroom van een Volwassen Auto

Veel kleine jongens dromen over het ontwerpen van hun eigen auto, maar de Wiesmann-broers déden het. Het feit dat hun ouders garagehouders waren hielp natuurlijk, want daardoor konden ze hun hele jeugd aan auto's prutsen. Maar de broers werden volwassen en combineerden hun ingenieurs- en marketingtalenten om de prachtige sportwagens te bouwen en te verkopen waar ze altijd al van droomden. "Het begon allemaal toen mijn broer en ik in 1985 een bezoek brachten aan het autosalon van Essen," herinnert managing director en medeoprichter Friedhelm Wiesmann zich. "We zochten naar auto's met een fascinerende nostalgische vorm gecombineerd met eigentijdse technologie; iets gelijkaardigs als de Britse roadsters in de jaren zestig.
Er was echter niets te vinden, en dit gaf ons het idee om onze droomauto zelf te maken."

De broers besloten om een goede ouderwetse roadster te bouwen maar met de meest geavanceerde technologie, als een symbiose van klassiek design en moderne engineering. Daarmee zou hun jongensdroom in vervulling gaan. Toen hij op het salon van Essen een opengewerkte versie van een sportwagen in detail had bestudeerd, kwam Martin Wiesmann tot de conclusie dat het eigenlijk niet zo ingewikkeld was en dat een dergelijk project binnen zijn mogelijkheden lag. De broers bespraken het idee en begonnen te bouwen aan hun droom, waarbij schetsen voor de vormgeving hun eerste bekommernis waren.

www.wiesmann-gf.com

Taking shape

Influenced by their love of the Austin Healey 3000 and a desire for a slipstreamed shape, the Wiesmann Roadster took shape on paper during the late 1980s. It would incorporate the traditional values of a roadster: a true two-seater with an eye-catching design, folding hood, a long bonnet with short body overhang and a small boot, with the bare essentials of instrumentation and a powerful engine.

Over the next few years, they worked on the development while continuing their day jobs as general manager and joint owner of a clothing factory (Friedhelm) and as an engineer developing pumps (Martin).

"Virtually nobody except ourselves believed that a small enterprise would be able to leave behind the 'tinkering' stage and build up its own vehicle production," says Friedhelm.

Le projet prend forme

Influencé par leur passion pour l'Austin Healey 3000 et un désir de concevoir une ligne effilée, le Roadster Wiesmann a pris forme sur le papier à la fin des années 80. Il devait incorporer les valeurs traditionnelles d'un roadster: un véritable deux places au design séduisant, à capote rétractable, au capot long avec un porte-à-faux court et un petit coffre, et des équipements essentiels sans oublier un moteur puissant.

Pendant les années qui vont suivre, ils vont travailler sur le développement tout en continuant d'exercer leurs fonctions de directeur général et co-propriétaire d'une usine de vêtements (Friedhelm) et d'ingénieur à la conception de pompes (Martin).

« Presque personne, à par nous, ne croyait qu'une petite entreprise pourrait passer le stade du bricolage et construire sa propre manufacture de véhicules, » déclare Friedhelm.

Het idee krijgt vorm

Beïnvloed door hun liefde voor de Austin Healey 3000 en hun streven naar een gestroomlijnde vorm, kreeg de Wiesmann Roadster eind van de jaren 1980 vorm op papier. Ze zou de traditionele kenmerken hebben van een roadster: een echte tweezitter met een in het oog springend ontwerp, een opvouwbare kap, een lange motorkap met een kort uitkragende carrosserie en een kleine koffer, met enkel de essentiële instrumenten en een krachtige motor.

De jaren daarna werkten ze aan de ontwikkeling terwijl ze hun gewone dagtaak als general manager en mede-eigenaar van een kledingfabriek (Friedhelm) en als ingenieur die pompen ontwikkelt (Martin) bleven uitoefenen.

"Vrijwel niemand buiten ons geloofde dat een klein bedrijf het stadium van het "gepruts" achter zich zou kunnen laten en zijn eigen voertuigproductie zou kunnen opstarten", zegt Friedhelm.

In Ferrari's footsteps

He describes how at the end of 1988, with the death of the great role model Enzo Ferrari, a sort of euphoria swept across Germany: "Many enterprises in the automobile industry wanted to create a niche sports car and copy the great Ferrari. We too were enthusiastic about this idea and set out to turn it into something tangible."

Almost no company has survived this courageous step financially. They were either defeated by the hurdles set up by the ferociously stringent German Technical Inspection Agency (T·V), by the financing aspect, or by the large companies' veto, who only in exceptional cases allow small vehicle manufacturers to make use of their technology. Others were simply blinded by their own dreams to the realities of the market.

Wiesmann recognised the dangers and developed other marketable products, such as making hard tops for convertibles, which both helped ensure the economic survival of the company and earned them the necessary respect of big industry - which ultimately led to a the crucial supply contract for drive technology between BMW AG and Wiesmann.

Sur les pas de Ferrari

Il décrit alors comment, à la fin 1988, avec la mort du fameux exemple Enzo Ferrari, une sorte d'euphorie a balayé l'Allemagne : « De nombreuses entreprises dans l'industrie de l'automobile souhaitaient créer une voiture de sports spécialisée et copier le grand Ferrari. Nous étions nous aussi enthousiastes et nous avons donc commencé à transformer cette idée en quelque chose de tangible. »

Presqu'aucune société n'aurait pu survivre le franchissement de cette étape courageuse au niveau financier. Elles étaient soit vaincues par les obstacles montés par l'Agence allemande de contrôle technique, féroce et rigoureuse à la fois (T·V), par les aspects du montage financier, ou par le véto des grandes sociétés qui, seulement dans des cas exceptionnels, accordaient à de petits constructeurs la possibilité d'utiliser leur technologie. D'autres étaient simplement aveuglées par leurs propres rêves des réalités du marché.

Wiesmann a donc identifié les dangers et a développé d'autres produits commercialisables, tels que la conception de toits rigides pour les décapotables, ce qui d'une part a aidé à garantir la survie économique de l'entreprise et d'autre part lui a fait gagner le respect nécessaire de la grande industrie - ce qui mènera enfin à un contrat crucial de fourniture de technologie de transmission entre BMW AG et Wiesmann.

In de voetsporen van Ferrari

Hij beschrijft hoe aan het einde van 1988, met het overlijden van het grote rolmodel Enzo Ferrari, er een soort van euforie heerste in Duitsland: "Veel bedrijven in de auto-industrie wilden een niche sportwagen creëren en de grote Ferrari kopiëren. We waren ook te vinden voor dit idee en namen ons voor om het om te zetten in iets tastbaars."

Bijna geen enkel bedrijf heeft deze moedige stap financieel overleefd. Ofwel werden ze verslagen door de hindernissen van het superstrenge Duitse bureau van de technische inspectie, door het financieringsaspect, of door het veto van de grote bedrijven, die enkel in uitzonderlijke gevallen kleine autofabrikanten de toelating verlenen om hun technologie te gebruiken. Andere waren gewoonweg door hun eigen dromen verblind voor de realiteit van de markt.

Wiesmann onderkende de gevaren en ontwikkelde andere verkoopbare producten, zoals hardtops voor cabriolets, die zowel de economische overleving van het bedrijf hielpen te verzekeren als het nodige respect opleverden van de grote industrie. Dat leidde uiteindelijk tot het cruciale leverancierscontract voor motortechnologie tussen BMW AG en Wiesmann.

THE CRUCIAL CONTRACT

"We started with BMW engines in our prototype because we believed - and still believe - that they have the best technology," says Friedhelm. "We presented our concept to members of the board of BMW in Munich. They agreed and concluded a firm supply contract."

Engineering commenced with Martin Wiesmann using his skills to design the car from the ground up. It uses a narrow square section steel chassis assembled on jigs within their factory. Engine, gearbox and brakes all came from BMW (straight sixes for the Roadsters) along with ABS and traction control coming as part of the package.

That leaves Wiesmann to concentrate on fine-tuning the chassis, producing the bodywork (done in house - remember their expertise with hard tops) and to wire up and trim the cars. Wiesmann make 60% of the cars including the interior and chassis in their own factory.

LE CONTRAT CRUCIAL

« Nous avons commencé avec des moteurs BMW dans notre prototype car nous pensions - et nous pensons toujours - qu'ils offraient la meilleure technologie, » dit Friedhelm. « Nous avons présenté notre concept à des membres du comité de direction de BMW à Munich. Ils ont été d'accord et nous avons conclu un contrat de fourniture. »

L'ingéniérie a commencé avec Martin Wiesmann, utilisant ses talents pour concevoir et ce, à partir de rien, la voiture. Il a utilisé un châssis étroit et acier à section carrée assemblé sur les gabarits de l'usine. Le moteur, la boîte de vitesses et les freins sont tous venus de BMW (des dimensions correctes pour les les Roadsters) ainsi que les systèmes ABS et de traction qui faisaient aussi partie de l'ensemble.

Ce qui a permis à Wiesmann de se concentrer sur les réglages du châssis, sur la fabrication de la carrosserie (faite dans leur propre atelier, grâce à leur expertise avec les toits rigides) et sur le câblage et le design des voitures. Wiesmann manufacture 60% des voitures, incluant l'habitacle et le châssis, dans leur propre usine.

HET CRUCIALE CONTRACT

"We begonnen met BMW-motoren in onze prototypes omdat we geloofden – en dat nog steeds doen – dat ze de beste technologie hebben", zegt Friedhelm" We stelden ons concept voor aan leden van de raad van bestuur van BMW in München. Ze stemden ermee in en sloten een leverancierscontract af."

De uitwerking begon bij Martin Wiesmann, die zijn vaardigheden gebruikte om de auto van de basis te ontwerpen. Hij gebruikte een vierkant onderstel met een smalle doorsnede dat in hun fabriek geassembleerd werd op steunen. Motor, versnellingsbak en remmen kwamen allemaal van BMW (vanzelfsprekend 6-cilinder voor de Roadsters) samen met de ABS en tractiecontrole die deel uitmaakten van het pakket.

Daardoor kon Wiesmann zich concentreren op het verder afstellen van het onderstel, de productie van de carrosserie (wat intern gebeurt, dankzij hun expertise met harde daken) en de bedrading en afregeling van de auto's. Wiesmann maakt 60 % van de auto's waaronder het interieur en het onderstel in zijn eigen fabriek.

The gecko is launched

The Wiesmann Roadster was launched in 1993 and enjoyed a reliable stream of sales throughout the 90's. The Wiesmann MF 3 and MF 30 followed, open two-seater roadsters that both use a BMW 6-cylinder engine. The Wiesmann GT MF 4, a larger, more powerful beast of a car based around an exquisitely crafted aluminium monocoque chassis, was released in 2005 to great motoring correspondent acclaim.

Stripped to the bare essentials of instrumentation and harbouring a powerful engine, these are definitely drivers' cars. The Wiesmann logo portrays a Gecko, as its cars "stick to the road like geckos to a wall".

Most recently, in 2008 they launched the Wiesmann GT MF5, with 507 hp and the 5 litre-engine from the M5. This superb sports car opens up the very top end segment of the market to the Westphalian manufacturer.

Le gecko est lancé

La Roadster Wiesmann a été lancée en 1993 et a profité d'un flux de ventes fiable pendant toutes les années 90. Les Wiesmann MF 3 et MF 30 ont alors suivi : deux roadsters cabriolets à deux places utilisant tous les deux un moteur BMW à 6 cylindres. La Wiesmann MF 4 Grand Tourer, un véritable monstre encore plus grand et plus puissant, sur un châssis monocoque en aluminium, conçu de façon exquise, a été lancé en 2005 sous des applaudissements mérités, conséquence d'une forte motorisation.

Equipées des instruments strictement nécessaires et recélant un moteur puissant, elles sont vraiment des voitures de pilotes. Le logo Wiesmann représente un gecko car sa voiture « colle à la route comme les geckos sur un mur. »

Plus récemment, en 2008, ils ont lancé la Wiesmann GT MF5, avec un moteur de 507 CV et de 5 litres provenant de la M5. Cette superbe voiture de sports ouvre la porte au plus haut segment du marché au constructeur de Westphalie.

De gekko wordt gelanceerd

De Wiesmann Roadster werd gelanceerd in 1993 en rekenen op een vertrouwenswekkende verkoopstroom in de jaren 90. De Wiesmann MF 3 en MF 30 volgden, open tweezitroadsters die beide voorzien zijn van een 6-cilindermotor van BMW. De Wiesmann GT MF4, een grotere en krachtigere machine, gebaseerd op een vernuftig gebouwd zelfdragend onderstel, werd in 2005 met veel bijval gelanceerd.

Met de instrumenten herleid tot het strikte minimum en voorzien van een krachtige motor, zijn ze absolute "drivers cars". Het logo van Wiesmann is een gekko omdat de auto "aan het wegdek plakt zoals gekko's aan een muur".

In een recenter verleden, in 2008, lanceerden ze de Wiesmann GT MF5, met 507 pk en de 5-litermotor van de M5. Deze prachtige sportwagen biedt de fabrikant uit Noord-Rijnland-Westfalen toegang tot het absolute topsegment van de markt.

Cars for purists

"Wiesmann sports cars are for purists," says Wiesmann.
"A comfortable interior is a must, of course, but we have reduced
everything to the essentials, and that means the things that are needed
for driving. After all," he says, "one should be able to feel the Wiesmann
experience, the acceleration and the response from the road. That's why
we do not build any unnecessary luxuries into the sports cars."

That said, what luxury has been retained is of the highest calibre, with
over 300 different types of leather to choose from for the interior, for
example.

Des voitures pour les puristes

« Les voitures de sports Wiesmann sont des voitures pour les puristes, »
dit Wiesmann. « Un intérieur confortable est un must, bien sûr, mais nous
avons tout réduit à l'essentiel, et cela signifie que nous avons réduit les
équipements à ce qui est nécessaire pour rouler. Après tout, »
déclare-t-il, « on devrait être capable de ressentir l'expérience Wiesmann,
l'accélération et la réponse de la route. C'est pourquoi nous n'ajoutons
aucun détail de luxe non nécessaire dans nos voitures de sports. »

Ceci dit, ce qui a été retenu en matière de luxe est du plus haut niveau,
comme par exemple plus de 300 différents types de cuir à choisir pour
l'habitacle.

Auto's voor puristen

"Sportwagens van Wiesmann zijn voor puristen", zegt Wiesmann.
"Een comfortabel interieur is een must, uiteraard, maar we hebben
alles teruggebracht tot de essentie, en dat betekent de elementen die
nodig zijn voor het rijden. Uiteindelijk", zegt hij, "zal men de Wiesmann-
ervaring - de acceleratie en de reactie van de weg - moeten kunnen
voelen. Dat is de reden waarom we geen onnodige luxe integreren in de
sportwagens."

Dat gezegd zijnde, is de luxe die wel voorzien is, van het hoogste
kaliber, met bijvoorbeeld meer dan 300 verschillende soorten leder om
uit te kiezen voor het interieur.

Confidence in the future

With the new factory that opened in April 2008, Wiesmann were able to accelerate production to 200 cars per year. With over 100 employees, the 1,000th car rolled out in December 2008. The time to manufacture one car has been reduced to 350 hours and wait times are now between 3 and 5 months for both the GT and the Roadster. The company's medium term target is 300 to 350 per year.

This expansion will be given a further boost when a new Roadster will be presented with a V8 engine. Wiesmann promises "a new, breath-taking design." For the Wiesmann brothers, the dream goes on.

The Wiesmann Roadster MF3, Wiesmann GT MF4 and Wiesmann GT MF5 models are available to try at the factory in Dülmen, Westphalia, as well as at 29 international distribution partners.

La confiance dans le futur

Avec une nouvelle usine qui a ouvert en avril 2008, Wiesmann a été capable d'accélérer la production jusqu'à 200 voitures par an. Avec plus d'une centaine d'employés, la 1000ème voiture est sortie en décembre 2008.
La durée de construction d'une voiture a été réduit à 350 heures et les temps d'attentes sont désormais entre 3 et 5 mois pour la GT et le roadster. L'objectif à moyen terme du constructeur est de réaliser 300 à 350 véhicules par an.

Cette expansion va être encore renforcée au salon de l'Automobile de Genève 2009 lorsqu'une nouvelle Roadster sera présentée avec un moteur V8 et Wiesmann promet un design nouveau et époustouflant. Pour les frères Wiesmann, le rêve continue.

Les modèles Wiesmann Roadster MF3, Wiesmann GT MF4 et Wiesmann GT MF5 sont disponibles à l'essai à l'usine de Dülmen, Westphalie, tout comme chez les 29 concessionnaires internationaux.

Vertrouwen in de toekomst

Met de opening van de nieuwe fabriek in april 2008 kon Wiesmann de productie opdrijven tot 200 auto's per jaar. In december 2008 verliet de duizendste auto de fabriek met haar 100 werknemers. De tijd die nodig is om één auto te bouwen werd ingekort tot 350 uren en de wachttijden zijn nu teruggebracht tot 3 à 5 maanden voor zowel de GT als de Roadster. De doelstelling van het bedrijf op middellange termijn is een productie van 300 tot 350 auto's per jaar.

Deze expansie zal opnieuw een stimulans krijgen wanneer een nieuwe Roadster zal worden voorgesteld met een V8-motor. Wiesmann beloofde "een nieuw adembenemend design". Voor de Wiesmann-broers duurt de droom voort.

De Wiesmann Roadster MF3, Wiesmann GT MF4 en Wiesmann GT MF5 modellen zijn beschikbaar om uitgeprobeerd te worden in Dülmen, Noord-Rijnland-Westfalen, alsook bij 29 internationale distributiepartners.

SILVESTRIS

Revolution in Aluminium

Less than a year after the foundation of the Dutch company Silvestris Haute Motive Concepts, the three founders, Maarten De Bruijn,
Jan Willem Schoenmakers and Leon Vergunst presented the prototype of an exclusive and innovative aluminium speedboat:
the Silvestris 23' Sports Cabriolet.

Révolution en Aluminium

Moins d'un an après la fondation de la société néerlandaise Silvestris Haute Motive Concepts, les trois fondateurs, Maarten de Bruijn, Jan Willem
Schoenmakers et Leon Vergunst ont présenté le premier exemplaire d'un hors-bord en aluminium exclusif et innovant : le 'Silvestris 23' Sports' Cabriolet.

Revolutie in Aluminium

Minder dan een jaar na de oprichting van het Nederlandse bedrijf Silvestris Haute Motive Concepts presenteerden de drie oprichters,
Maarten de Bruijn, Jan Willem Schoenmakers en Leon Vergunst reeds het eerste exemplaar van een exclusieve en innovatieve aluminium speedboat:
"de Silvestris 23" Sports' Cabriolet.

www.silvestris-marine.com

138

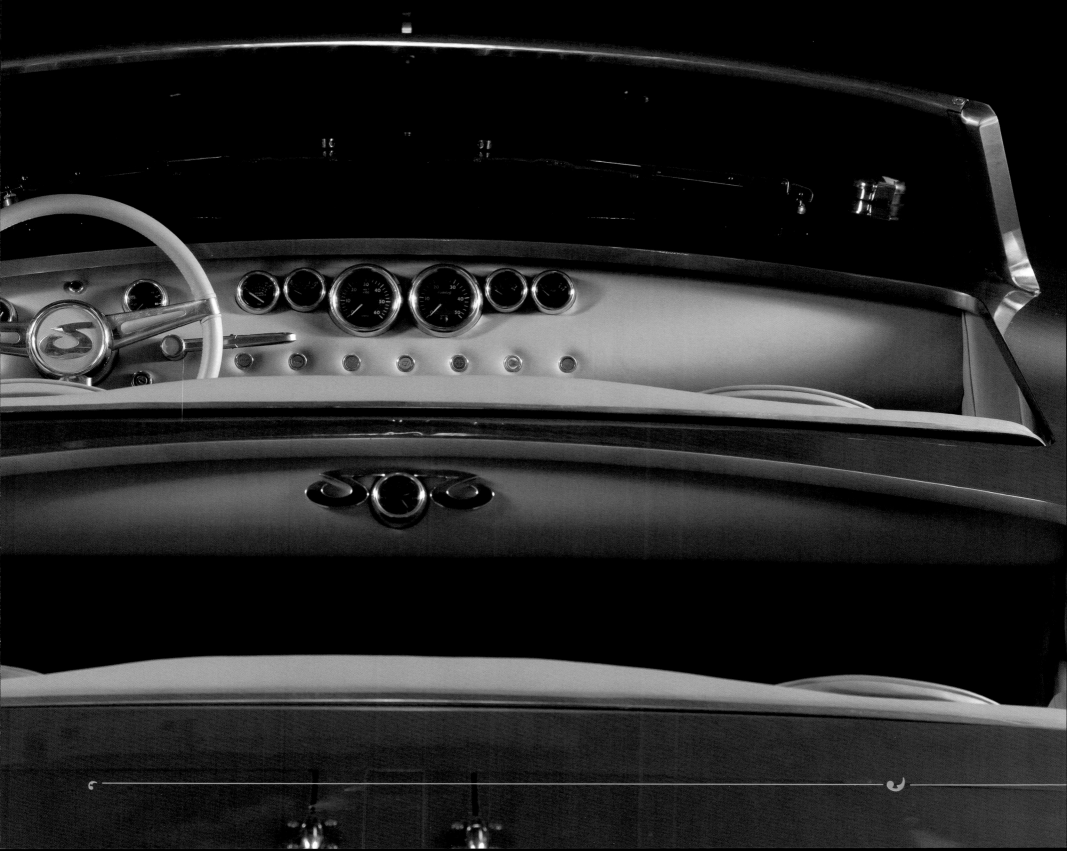

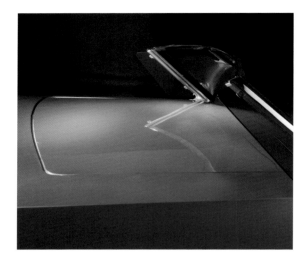 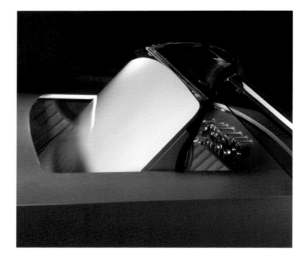 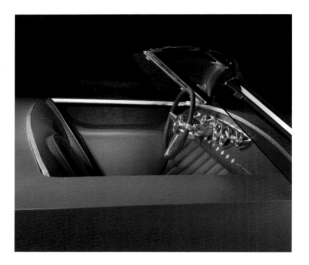

This boat will remain a speedboat by definition but is more of a high performance tender: the ultimate transport between the luxurious yacht and the coast or the sports car waiting on the quay.

Manager Jan Willem Schoenmakers, who, together with his partners, was previously involved in the (re)birth of car manufacturer Spyker explains: "Thanks to its compact measurements, the boat is extremely suitable as a high-performance tender for the yacht owner or captain. We explicitly steered away from the all-purpose rubber dingy that is used to clean the exterior of a vessel or run errands.

We tried to bridge a luxurious gap between the Bentley at the waterfront and the multimillion dollar yacht in the bay. Surely, the transport between them ought not to take place in a rubber dingy. Therefore we vowed to position ourselves as luxury tender.

Naturally, we realise that our market is limited, hence us being actively present in the Cote d'Azur, United Arab Emirates and lake districts. The boat feels perfectly at home in these areas and portrays itself well as an exclusive pleasure boat.

The sports car-like cruising sensation of the Silvestris 23' Sports Cabriolet is due to the design of the hull and a series of extremely powerful engines up to 320 Hp, effortlessly reaching 50 knots, approximately 50 miles per hour. Schoenmakers: "Depending on the customer's requirements, we install Volvo (petrol and possibly diesel), Volkswagen (diesel) and Mercruiser (petrol) engines."

To please those people who would like to go that one knot faster, Silvestris brings out its trump card: "Our latest pièce de resistance is the 'Blower', fitted with a 600 Hp Mercury Racing V8 block with compressor." We would like to leave the impressive potential of this speedster to the imagination.

Ce bateau reste un hors-bord par définition, mais il est plutôt un tender haute performance: le moyen de locomotion ultime entre le yacht gigantesque devant la côte et le bolide sportif à quai.

Le directeur Jan Willem Schoenmakers, qui était autrefois tout comme ses compagnons engagé dans la (re)naissance de la voiture de sport Spyker, raconte: « Le bateau convient parfaitement comme embarcation de haute performance pour le propriétaire de yacht ou le capitaine grâce à ses dimensions compactes. Ce n'est pas du tout un canot pneumatique à tout faire permettant de nettoyer l'extérieur de son bateau à la brosse ou un canot pour faire les achats.

Nous avons remarqué qu'il y avait une lacune dans la gamme luxueuse entre le Bentley d'un côté et le yacht d'un multi-millionnaire dans la baie. Nous trouvions que le ravitaillement ne devait pas se faire par le biais d'un bateau gonflable. D'où ce positionnement au niveau d'une embarcation de luxe. Nous sommes effectivement conscients qu'il s'agit d'une petite niche, c'est d'ailleurs pour cette raison que nous sommes actifs sur la Côte d'Azur, les Emirats Arabes Unis et dans la région des lacs car le bateau est parfaitement à sa place comme bateau de plaisance exclusif. »

Le 'Silvestris 23' Sports Cabriolet' doit ses caractéristiques de navigation sportives à une ébauche astucieuse de la partie sous la ligne de flottaison et à une série de moteurs très puissants atteignant jusqu'à 320 Cv avec lesquels le bateau n'a aucune difficulté à atteindre les 50 nœuds, soit 90 km/heure. Schoenmakers: « Nous installons des moteurs Volvo (essence ou éventuellement diesel), Volkswagen (diesel) et Mercruiser (essence), selon les désirs du client. »

Etant donné qu'il existe des personnes pour lesquelles cela ne va jamais assez vite, Silvestris a encore un atout en main :
« Notre nouveau bijou est le 'Blower', équipé d'un bloc de 600 CV Mercury Racing V8 avec compresseur. » Nous vous laissons imaginer le potentiel de vitesse de cette embarcation.

Dit vaartuig kan weliswaar gezien worden als een op zich staande speedboat, maar geldt eerder als een high performance tender: het ultieme vervoermiddel tussen het megajacht voor de kust en de sportbolide op de kade. Directeur Jan Willem Schoenmakers, die evenals zijn compagnons eerder betrokken was bij de (her)oprichting van het sportwagenmerk Spyker zegt: "De boot is met zijn compacte afmetingen zeer geschikt als high-performance tender voor de jachteigenaar of de kapitein. Het is nadrukkelijk niet de all-purpose rubberboot waarmee het schip van buiten geschrobd wordt of de boodschappen worden gedaan. Wij zagen een hiaat in de luxe-keten tussen de Bentley op de kant en het multi-million dollar jacht in de baai. Wij vonden dat het tendertransport daartussen niet met een rubberbootje gedaan moest worden. Vandaar de positionering als luxe-tender. Uiteraard beseffen we dat dit slechts een kleine niche is, reden waarom we ook actief zijn aan de Cote d'Azur, de Verenigde Arabische Emiraten en de merengebieden omdat de boot daar uitstekend op zijn plaats is als exclusieve plezierboot."

De "Silvestris 23' Sports Cabriolet" dankt zijn sportieve vaareigenschappen aan een uitgekiend ontwerp van het onderwaterschip en een reeks zeer krachtige motoren tot 320 pk waarmee de boot moeiteloos 50 knopen, circa 90 km per uur, kan halen. Schoenmakers: "Afhankelijk van de wens van de klant monteren wij motoren van Volvo (benzine en eventueel diesel), Volkswagen (diesel) en Mercruiser (benzine)."

Omdat er echter altijd mensen zijn voor wie snel nog net niet snel genoeg is, heeft Silvestris nog een troefkaart achter de hand: "Ons nieuwste pronkstuk is de "Blower", voorzien van een 600 pk Mercury Racing V8 blok met compressor." Het imposante snelheidspotentieel van dit vaartuig laten we graag aan uw fantasie over.

Revolutionary construction

When it comes to engineering, the 23' Sports Cabriolet is revolutionary. Silvestris has developed and patented a new construction method for the hull, whereby the aluminium skin was riveted and bonded to a tubular space frame. Jan Willem Schoenmakers, who is responsible for the technical developments within Silvestris, talks about the patented method: "We avoid welding by riveting and bonding the aluminium skin to a tubular space frame. This allows us to optimally maintain the strength of the material without the risk of distortion. The advantages are clear: An unprecedentedly strong, yet light-weight hull with a top quality finish."
This is manufactured entirely by hand? "Absolutely, the boat is 100% man-made. A welding fixture is used to manually weld the frame in, the skin is riveted and bonded by hand and the assembly, leather interior, electrical wiring and spray-painting are also all completed by hand."

During the design process, traditional crafts (for example, constructing a scale model) perfectly complement modern techniques (such as 3D CAD software). "We explicitly used both aspects during the design process as we felt that the product we envisaged would not be rendered if either the traditional crafts or the high tech techniques were not applied.

Une construction révolutionnaire

Le '23' Sports Cabriolet' est une révolution du point de vue technique. Silvestris a développé et a breveté une nouvelle méthode de construction pour la coque, où les plaques de la coque sont rivées et collées sur l'armature tubulaire en aluminium. Jan Willem Schoenmakers, responsable pour le développement technique au sein de Silvestris, parle de cette méthode brevetée: « Nous pouvons éviter les soudures en collant et en rivant les plaques sur l'armature tubulaires. De cette façon, la solidité du matériel est assurée de façon optimale et il n'y a, de plus, aucune déformation. Les avantages sont évidents: une coque d'une solidité inouïe et malgré tout légère et de finition supérieure. »
Et tout cela est réalisé à la main chez Silvestris ? « Absolument, le bateau est fabriqué 100% à la main. L'armature est soudée à la main, les plaques sont collées et rivées manuellement et l'assemblage, le revêtement en cuir, le système électrique et la peinture au pistolet sont faits à la main. »

Lors du le processus de conception, l'artisanat (la fabrication d'une maquette par exemple) et les techniques modernes (comme le logiciel de conception en 3D) se combinent parfaitement. « Nous utilisons expressément les deux aspects du processus de développement chez Silvestris, car nous n'obtiendrions pas le produit désiré si nous devions laisser tomber l'artisanat ou les techniques modernes. »

Revolutionaire constructie

De "23' Sports Cabriolet" is technisch gezien een revolutie. Silvestris heeft voor de romp een nieuwe constructiemethode ontwikkeld en gepatenteerd, waarbij de rompbeplating rond een aluminium buizenframe wordt geklonken en verlijmd. Jan Willem Schoenmakers, binnen Silvestris verantwoordelijk voor de technische ontwikkeling, over deze gepatenteerde methode: "Wij kunnen, door de beplating te verlijmen en te klinknagelen aan een buizenframe, het lassen vermijden. De sterkte van het materiaal wordt zo optimaal behouden en er treedt bovendien geen vervorming op. De voordelen hiervan zijn evident: een ongehoord sterke, en toch lichte romp met een zeer hoog niveau van afwerking."
En dat gebeurt bij Silvestris volledig handmatig? " Absoluut, de boot is voor 100% met de hand gemaakt. Het frame wordt in een lasmal met de hand gelast, de beplating wordt handmatig verlijmd en genageld en de assemblage, de leren bekleding, de elektrische bedrading, het spuitwerk is allemaal handwerk."

In het ontwerpproces vullen ambacht (het maken van een schaalmodel) en moderne technieken (zoals 3D CAD software) elkaar dan ook naadloos aan. "Nadrukkelijk bedienen we ons bij Silvestris van beide aspecten van het ontwerpproces, omdat het weglaten van ofwel de ambacht ofwel de hoogtechnologie niet het product zou opleveren dat we voor ogen hebben."

OLD SCHOOL

Silvestris is one of the few boat manufacturers where everything is handmade, from the construction of the hull to the final assembly. "We designed a specific process for the hull, using our patented bond and rivet technique. The rest of the assembly process is carried out by skilled mechanics who all have a background in the auto construction industry. This is no surprise as we all share this automotive affinity."
The interior fittings and furniture are installed by a tradesman.
Schoenmakers: " A nice touch is the special 'old-school' stitching technique used for the leather. By sowing with a special double stitch (last seen in the auto construction industry in the 30s!), the leather strips are seamless, resulting in a high quality finish."

LA VIEILLE ÉCOLE

Silvestris est l'un des rares fabricants de bateaux qui font tout eux-mêmes, de la fabrication de la coque à l'assemblage final. « Nous avons développé un processus spécifique pour la construction de la coque avec notre colle et notre technique de rivetage breveté. Le reste de l'assemblage est effectué par des monteurs bien formés, provenant tous de la construction automobile. Cela n'est pas étonnant, vu notre passé et notre affinité avec le monde de l'automobile. » Le revêtement des panneaux intérieurs et le mobilier sont réalisés par un professionnel. Schoenmakers : « Un détail remarquable est la technique de couture spéciale 'vieille école' avec laquelle les bandes sont cousues dans le cuir. Grâce à cette technique de couture double (vue pour la dernière fois dans l'industrie automobile des années 30!) vous obtenez des coutures invisibles entre les bandes. Cela offre un niveau de finition magnifique. »

OLD SCHOOL

Silvestris is een van de weinige bootproducenten die alles zelf maken, vanaf de rompbouw tot en met de eindassemblage. "Voor de rompbouw hebben we een specifiek proces opgezet met de door ons gepatenteerde lijm- en klinknageltechniek. De rest van de assemblage geschiedt door goed opgeleide monteurs, die alle uit de autobouw afkomstig zijn. Dit is natuurlijk niet verwonderlijk, gezien onze achtergrond en affiniteit met de auto-industrie."
Het bekleden van de interieurpanelen en het meubilair wordt uitbesteed aan een vakspecialist. Schoenmakers: "Leuk detail is de speciale 'old-school' naaitechniek waarmee de banen in het leer gestikt zijn. Door deze op speciale dubbele wijze te naaien (voor het laatst gezien in de autobouw in de jaren '30!) krijg je een volledige verschuiling van de naden tussen de banen. Dit geeft een zeer rijk niveau van afwerking."

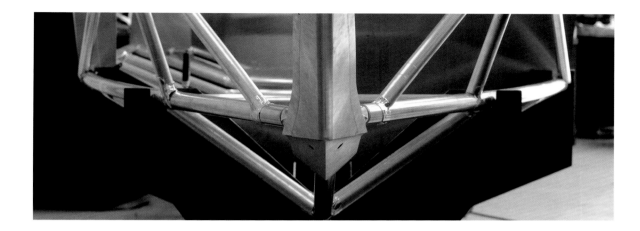

Floating sports car

The man behind the design, Maarten de Bruijn, previously put the Netherlands on the automotive map with his sports car Spyker C8. Once again, he has succeeded with the strong Dutch design of the Silvestris 23' Sports Cabriolet. De Bruijn: "The boat has a highly contemporary design with a cutting prow and elegant proportions. I designed this boat as a floating sports car. The Sports Cabriolet is entirely unique. One of the most striking features is the remotely lockable deck, which in closed position fully covers the boat and in open position forms the seating. The dashboard with the unique Silvestris steeringwheel automatically rises synchronously with the front seating. The interior of the 23' Sports Cabriolet is lined with seawater proof leather, especially designed for Silvestris."

In time, the company intends to annually produce approximately fifty Sports Cabriolets. Leon Vergunst, responsible for the daily operations of the company: "In Parallel with the development of the first prototype, we invested heavily in the preparation of the production process, allowing us to move over to batch production without any real interruptions. By modelling the aluminium skin and frame in advanced 3D CAD software, we were able to subcontract certain parts of the production to specialists. The patented production method makes an extremely efficient build possible, also enabling us to fully satisfy individual customer requirements."

Une voiture de sport sur l'eau

L'homme derrière ce concept, Maarten de Bruijn, avait déjà inscrit les Pays-Bas sur la carte mondiale dans le domaine de l'automobile avec sa voiture de sport Spyker C8. Avec le 'Silvestris 23' Sports Cabriolet', il conforte à nouveau la position du design néerlandais. De Bruijn : « Le bateau possède un design actuel, avec un nez effilé et des proportions élégantes. J'ai conçu ce bateau comme une voiture de sport sur l'eau. Tout est unique sur le Sports Cabriolet. L'une des caractéristiques remarquables est le pont du bateau qui se referme à distance et qui, dans ce cas, clôt complètement le bateau ou forme une banquette lorsqu'il est ouvert. Le tableau de bord avec le volant unique de Silvestris et la banquette avant se relèvent de façon synchronisée. Le revêtement intérieur du '23' Sports Cabriolet' est réalisé en cuir résistant à l'eau de mer et spécialement conçu pour Silvestris. »

Selon le planning actuel, cinquante Sports Cabriolets par an devraient être mis en fabrication. Leon Vergunst, responsable des processus de la société: « Parallèlement au développement du premier prototype, nous avons beaucoup investi dans le processus de préparation de fabrication, grâce à cela nous étions à même de passer à une fabrication en série. De plus, en modelant l'armature des tuyaux et des plaques pour la coque avec le logiciel de conception en 3D, nous avons pu sous-traiter certaines parties de la production à des spécialistes. La méthode de production brevetée permet une construction efficace tout en réalisant tous les souhaits individuels des clients. »

Sportauto voor op het water

De man achter het ontwerp, Maarten de Bruijn, zette eerder met zijn sportwagen Spyker C8 Nederland al op de wereldkaart op automotive gebied. Ook nu geeft hij met deze "Silvestris 23' Sports Cabriolet" weer een sterk Nederlands designstatement af. De Bruijn: "De boot heeft een zeer eigentijds design, met een vlijmscherpe neus en elegante proporties. Ik heb deze boot als sportauto voor op het water ontworpen. Alles aan de Sports Cabriolet is uniek. Eén van de opvallendste kenmerken is het op afstand afsluitbare dek, dat in gesloten toestand de boot volledig afsluit en in geopende toestand de zitbank vormt. Synchroon met de voorbank komt ook het dashboard met het unieke Silvestris-stuur automatisch omhoog. Het interieur van de "23' Sports Cabriolet" wordt bekleed met speciaal voor Silvestris ontwikkeld, zeewaterbestendig leer."

De planning is dat op termijn circa vijftig Sports Cabriolets per jaar geproduceerd zullen gaan worden. Leon Vergunst, verantwoordelijk voor de bedrijfsprocessen: "Parallel aan de ontwikkeling van het eerste prototype hebben we veel geïnvesteerd in de voorbereiding van de productie, waardoor we vrijwel zonder onderbreking in staat waren om tot serieproductie over te gaan. Door het buizenframe en de rompbeplating in geavanceerde 3D CAD software te modelleren konden we bovendien bepaalde delen van de productie uitbesteden bij specialisten. De gepatenteerde productiemethode maakt een zeer efficiënte bouw mogelijk, waarbij tevens maximaal aan alle individuele klantenwensen kan worden voldaan."

SILVESTRIS AND THE FUTURE

The founders of Silvestris Haute Motive Concepts have more lined up for us. Maarten de Bruijn: "Our strong points are designing and manufacturing innovating concepts for the motive industry. We also have plans for an aeromotive concept. Breeding will out: the future will bring a new super sports car." However, the next addition will be another boat. Schoenmakers: "It will be a 31' (approx. 9.5 meter) boat with two engines. It will be a nice addition to the 23' SC, aimed at people who would like a little more space on board, a wider usability in coastal waters and dual engine propulsion."

SILVESTRIS DANS LE FUTUR

Les fondateurs de Silvestris Haute Motive Concepts ne pensent pas en rester là. Maarten de Bruijn: « Notre force se situe dans l'invention et la création de nouveaux concepts pour la branche mobile. Nous avons déjà des idées pour un concept mobile aéronautique. Et, le bon sang ne pourrait mentir: attendez-vous à une nouvelle voiture de sport dans le futur. » La prochaine création sera quand même une embarcation. Schoenmakers: « Cela sera un bateau 31' (env. 9.5 mètres), pourvu de deux moteurs. Ce bateau sera un ajout bienvenu au 23'SC, pour les personnes souhaitant plus d'espace à bord, une utilisation plus large dans les eaux côtières et un propulseur à deux moteurs. »

SILVESTRIS IN DE TOEKOMST

De oprichters van Silvestris Haute Motive Concepts zijn overigens niet van plan om het bij een speedboat te laten. Maarten de Bruijn: "Onze kracht ligt bij het bedenken en uitvoeren van vernieuwende concepten voor de motive branche. We hebben ook al plannen voor een aeromotive concept. En, het bloed kruipt waar het niet gaan kan: verwacht in de toekomst ook weer een nieuwe supersportwagen. "De eerste aanvulling zal echter toch bestaan uit een vaartuig. Schoenmakers: "Dat zal een 31' (ca. 9.5 meter) boot worden, voorzien van twee motoren. Deze boot zal een welkome aanvulling zijn op de 23'SC, voor mensen die wat meer ruimte aan boord verlangen, een bredere inzetbaarheid in de kustwateren en een 2-motorige voortstuwing."

SANTONI

The Perfect Fit

Choosing Santoni equals choosing quality. Handmade shoes with a striking design. Manufacturing, stitching and finishings that bare the soul of the craftsman, the artist. What makes Santoni stand out from all the others is its artistic craftsmanship, combined with the heritage of Italian elegance.

Andrea Santoni, founder and owner of Santoni, established his company in the picturesque hills of Corridonia in the Italian province of Macerata. Originally, he worked as a product manager for a large shoe manufacturer but soon decided to follow his own philosophy. Andrea Santoni's aim was to make the most beautiful shoes, without compromising on quality and the skills of craftsmanship.

La Coupe Parfaite

Choisir Santoni équivaut à choisir de la qualité. Des chaussures faites à la main avec un design caractéristique. Une fabrication, des piqûres et une finition qui mettent l'âme du créateur, un artiste, à nu. Cette expertise artistique forme, en combinaison avec l'héritage de l'élégance italienne, le noyau qui distingue Santoni de la foule.

Andrea Santoni, fondateur et propriétaire de Santoni, a installé son entreprise dans les collines pittoresques de Corridonia dans la province italienne de Macerata. Auparavant, il était chef de marques pour un grand fabricant de chaussures mais il a choisi de suivre sa propre vision. Andrea Santoni voulait fabriquer les plus jolies chaussures, sans compromis aucun, dans le domaine de la qualité et l'art de l'expertise.

De Perfecte Pasvorm

Kiezen voor Santoni staat synoniem aan kiezen voor kwaliteit. Handgemaakte schoenen met een opvallend ontwerp. Vervaardiging, stiksel en afwerking die de ziel van de maker, een kunstenaar, blootleggen. Dit artistieke vakmanschap vormt, in combinatie met het erfgoed van Italiaanse elegantie, de kern van wat Santoni onderscheidt van de grote massa.

Andrea Santoni, oprichter en eigenaar van Santoni, vestigde zijn bedrijf in de pittoreske heuvels van Corridonia in de Italiaanse provincie Macerata. Hij was tot op dat moment productmanager bij een grote schoenenfabrikant, maar koos ervoor zijn eigen visie te volgen. Andrea Santoni wilde de mooiste schoenen maken, zonder compromissen op het gebied van kwaliteit en de kunst van het vakmanschap.

www.santonishoes.com

There was great demand for shoes when he established his company in the 1970s. Santoni was different from his competitors. His philosophy was based on his belief in quality and he passed by the popular approach of commercial mass production.
From the start, Santoni was regarded as a pioneer with regard to traditional manufacturing methods of high-quality shoes. His son, Giuseppe Santoni, explains Santoni's philosophy: "For my father, quality had to form the foundation of the company. Santoni is not a branded product, it is a quality product."

Au moment de la fondation de son entreprise, dans les années 70, la demande était grande. Mais Santoni était différent de ses concurrents: sa philosophie était basée sur la conviction que la qualité était la seule chose qui comptait et il ignora donc l'approche populaire de la production commerciale en grande série.
Dès le début, Santoni fut considéré comme un pionnier dans le domaine de la production artisanale des chaussures de haute qualité. Son fils, Giuseppe Santoni, explique la philosophie de Santoni: « Pour mon père, la qualité était le pilier de notre entreprise. Santoni n'est pas un produit de marque mais un produit de qualité. »

Bij de oprichting van zijn bedrijf in de jaren 1970 bestond op de Italiaanse markt ruime vraag naar schoenen. Santoni was anders dan zijn concurrenten. Zijn filosofie steunde op zijn geloof in kwaliteit en hij liet de populaire benadering van commerciële massaproductie links liggen. Direct vanaf het begin werd Santoni gezien als een pionier op het gebied van ambachtelijke productie van hoogwaardige schoenen. Zijn zoon, Giuseppe Santoni, licht de filosofie van Santoni toe: "Voor mijn vader gold kwaliteit als het fundament van de onderneming. Santoni is geen merkproduct, het is een kwaliteitsproduct."

Son and daughter

Santoni is a real family company and all members have been involved since the company was established. The first workshop was set up in the block of flats where they lived. Santoni's two children were born and raised with shoemaking in their blood. Giuseppe and his sister Ilenia regarded the workshop as their personal playground. Every minute of their spare time was spent in the workshop, observing and learning shoemaking skills. Ilenia Santoni happily thinks back on those days: "During my lunch break at school I would quickly pop back to the workshop. Everyone would be out for lunch but I would stay in the office helping out. For as long as I can remember, I wanted to actively help in the company.
Currently, Andrea Santoni entrusts the management of the company to his children. Giuseppe Santoni is in charge; Ilenia Santoni is responsible for finances and HR.
Since he turned twenty, Giuseppe has been in charge of the company together with his father. He says: "I was extremely young when I was given such a responsibility. My father allowed me to make mistakes and learn from them. As I was that young when I came to know the company, my father was able to concentrate on the product itself, without having to worry about the daily management of the company." Although Giuseppe officially is the CEO, he likes to emphasise the family character. "We always discuss important matters together before making a definitive decision. My father has a lifetime experience and still has clear and well-defined ideas about the future of the company."

Fils et fille

Santoni est une vraie entreprise familiale et tous les membres de la famille ont été impliqués dans le développement de l'entreprise dès le départ. La première usine a été fondée dans l'immeuble où la famille habitait à l'époque. Les deux enfants de Santoni sont nés et ont été élevés avec l'art de chausseur dans le sang. Giuseppe et sa soeur Ilenia voyaient l'atelier comme leur jardin d'enfants privé. Chaque minute de leur temps libre, ils le passaient à l'atelier pour regarder et apprendre le métier. Ilenia Santoni se souvient de ces journées avec plaisir: « Pendant la pause déjeuner à l'école j'allais vite à l'atelier. Tout le monde était parti déjeuner mais moi, je restais au bureau pour aider. Du plus loin qu'il m'en souvienne, j'ai voulu aider activement dans l'entreprise. »
Au niveau des affaires, Andrea Santoni confie aujourd'hui la gestion de l'entreprise à ses enfants. Giuseppe Santoni est à la barre ; Ilenia Santoni est responsable des finances et du personnel.
Giuseppe est à la tête de l'entreprise, avec son père, depuis ses vingt ans. Il raconte : « J'étais encore très jeune quand j'ai obtenu de grandes responsabilités. Mon père m'a donné la possibilité de faire des erreurs et d'en tirer les leçons. Comme j'ai appris la gestion de l'entreprise très jeune, mon père pouvait se concentrer sur le produit lui-même sans devoir se faire des soucis par rapport à la gestion quotidienne de l'entreprise. » Giuseppe est officiellement le PDG mais souligne le caractère familial de l'entreprise. « Les questions importantes sont toujours discutées en famille avant de prendre une décision définitive. Mon père a l'expérience de longues années et a toujours des idées très précises en ce qui concerne le futur de l'entreprise. »

Zoon en dochter

Santoni is een echt familiebedrijf en alle gezinsleden zijn van het begin af aan betrokken geweest bij de ontwikkeling van het bedrijf. De eerste fabriek werd opgezet in het appartementesgebouw waar ze indertijd woonden. De twee kinderen van Santoni werden geboren en opgevoed met het schoenmaken in hun bloed. Giuseppe en zijn zus Ilenia zagen de fabriek als hun persoonlijke speeltuin. Elke minuut vrije tijd brachten ze in de fabriek door met het kijken naar en het leren van het schoenmakersvak. Ilenia Santoni denkt met plezier terug aan die dagen: "Tijdens de lunchpauze op school ging ik snel naar de fabriek. Iedereen was dan uit lunchen, maar ik bleef op kantoor om met van alles te helpen. Zolang ik me maar kan herinneren wilde ik al actief meehelpen in het bedrijf."
Op zakelijk niveau vertrouwt Andrea Santoni de leiding van de onderneming tegenwoordig toe aan zijn kinderen. Giuseppe Santoni staat aan het roer; Ilenia Santoni is verantwoordelijk voor de financiën en het personeel.
Giuseppe staat al sinds zijn twintigste verjaardag samen met zijn vader aan het hoofd van de onderneming. Hij zegt: "Ik was erg jong toen ik die grote verantwoordelijkheid kreeg. Mijn vader gaf me de ruimte om fouten te maken en ervan te leren. Doordat ik het bedrijf zo jong leerde kennen, kon mijn vader zich concentreren op het product zelf, zonder zich zorgen te hoeven maken over de dagelijkse leiding van het bedrijf." Hoewel Giuseppe officieel de CEO is, benadrukt hij het familiekarakter. "Belangrijke kwesties overleggen we altijd met zijn allen, voordat we een definitieve beslissing nemen. Mijn vader heeft een levenslange ervaring en heeft nog altijd zeer scherpomlijnde ideeën over de toekomst van het bedrijf."

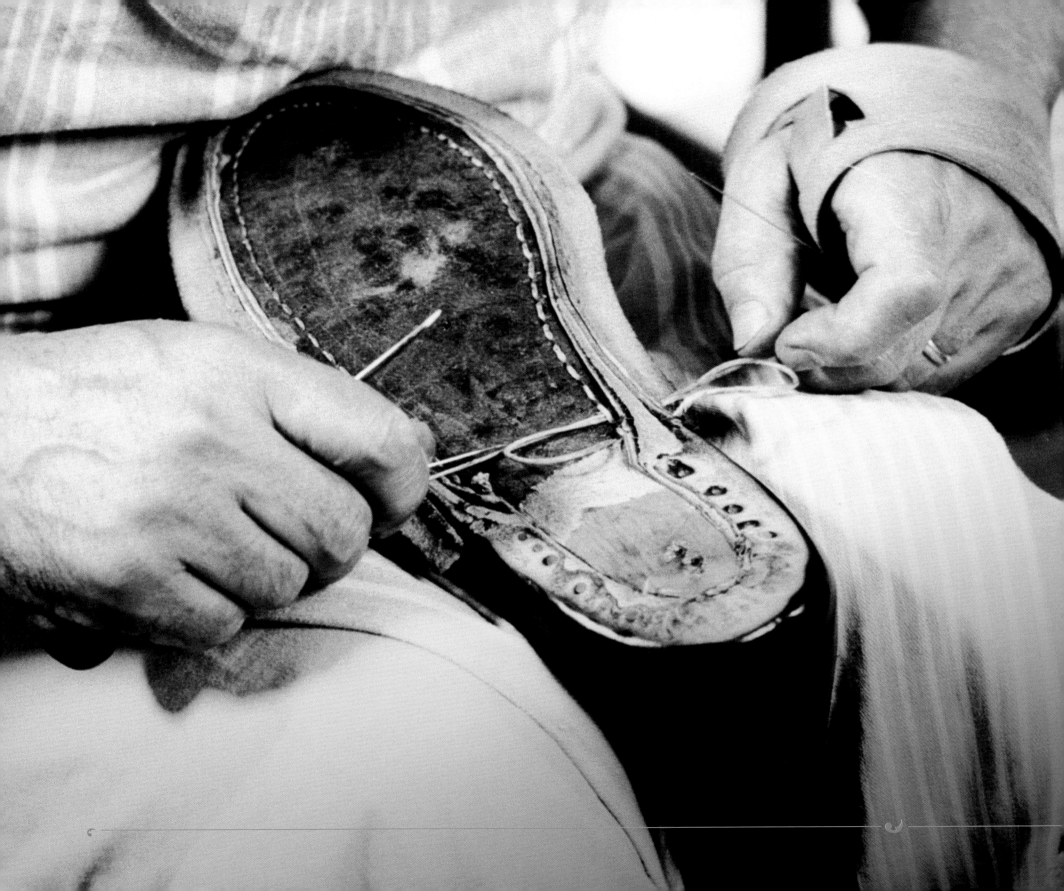

Search for artists

The biggest challenge for Santoni is finding craftsmen who fully comprehend Santoni's philosophy. Manufacturing a Santoni shoe is an art. Giuseppe: "We respect the production process when shoes are manufactured. This is a key factor in the success of our company. Rather than focussing on quantity as other companies do, we fully concentrate on the precision work that is involved in manufacturing a shoe. This is the most important reason why we allocate three to four weeks for one pair." He continues: "For example, in large cooperations, staff are given six minutes to complete a certain part of the process. You don't ask an artist to produce a painting every ten minutes, do you? Our shoes are put on the last for a minimum of fifteen days, a process unequalled by no other manufacturer. Quality is the result of an investment in precision, time and money."

Santoni's success is based on their true belief in consistently delivering top quality, year after year. Furthermore, the company aspires to continuously innovate and improve its product. This method has proven itself convincingly over the years. One shoe has to withstand more than thirty quality control processes before it is ready to be sold. Andrea Santoni is personally responsible, from selecting the hides to the final inspection of the shoe before being wrapped. Giuseppe describes their vision of the production process nearly poetically: "Every shoe has its own story, own identity and own personality."

"At Santino, you have to be an expert to understand and realise what has to be done in order to create the perfect shoe." Giuseppe emphasises the growing challenge of finding suitable craftsmen to manufacture shoes. Therefore, the company has founded a school for trainee shoemakers: "A shoemaker who would like to work for Santoni has to fully comprehend our vision on quality and our production methods. Our workflow is highly particular and unknown to many."

A la recherche des artistes

Le grand défi pour Santoni est de trouver des artisans qui se retrouvent complètement dans la philosophie de Santoni.
Fabriquer une chaussure Santoni est un art. Giuseppe:
« Nous respectons le processus de travail quand nous fabriquons des chaussures. C'est un facteur important du succès de notre entreprise. D'autres entreprises s'orientent plutôt vers la quantité alors que nous nous concentrons entièrement sur le travail de précision qui est nécessaire pour la fabrication d'une chaussure. C'est la raison par excellence pour laquelle une paire de chaussures nous prend trois à quatre semaines de travail. » Il continue : « Dans les grandes entreprises, les employés ont par exemple six minutes pour exécuter une certaine partie du processus. Alors qu'on ne demande pas non plus à un artiste de faire un tableau en dix minutes? Nos chaussures restent au moins quinze jours sur la taille, un processus qu'aucun fabricant n'est capable de faire. La qualité est en effet le résultat d'un investissement dans la précision, le temps et l'argent. »

Le succès de Santoni est basé sur la conviction stricte en une livraison consistante d'une qualité élevée, année après année. Il y a en outre une recherche permanente de l'amélioration du produit et de l'innovation. Cette méthode a rencontré le succès tout au long des années. Une chaussure est soumise à plus de trente contrôles de qualité avant d'être envoyée en magasin. Andrea Santoni est personnellement responsable, depuis la sélection des peaux jusqu'au dernier contrôle avant que la chaussure soit mise dans sa boîte. Giuseppe devient presque poétique quand il décrit leur vision à propos du processus de fabrication : « Chaque chaussure a une histoire, une identité et une personnalité. »

« Chez Santoni, il faut être un expert afin de comprendre et de voir ce qu'il doit être fait pour créer la chaussure parfaite. »
Giuseppe souligne ensuite que de trouver des artisans experts pour la fabrication des chaussures relève de plus en plus du défi. L'entreprise a donc fondé une école pour des élèves-chausseurs: « Un chausseur qui veut travailler chez Santoni, doit être entièrement convaincu de notre vision par rapport à la qualité et par rapport à notre méthode de fabriquer. Notre débit de travail est très spécifique et peu connu chez la plupart des gens. »

Zoeken naar kunstenaars

De grootste uitdaging voor Santoni is het vinden van vakmensen die de filosofie van Santoni volledig kunnen bevatten. Het vervaardigen van een Santoni-schoen is een kunst. Giuseppe: "Bij het vervaardigen van schoenen hebben we respect voor het arbeidsproces. Dat is een belangrijke factor in het succes van ons bedrijf. Anders dan andere bedrijven, die zich vooral richten op kwantiteit, concentreren wij ons volledig op het precisiewerk dat komt kijken bij het vervaardigen van een schoen. Dat is de belangrijkste reden waarom we drie tot vier weken doen over een paar." Hij vervolgt: "Bij grote ondernemingen krijgen mensen bijvoorbeeld zes minuten om een bepaald gedeelte van het proces te voltooien. Maar je vraagt een kunstenaar toch ook niet om elke tien minuten een schilderij te maken? Zo blijven onze schoenen ten minste vijftien dagen op de leest zitten, een proces waar niet één andere fabrikant toe in staat is. Kwaliteit is immers het resultaat van een investering van precisie, tijd en geld."

Het succes van Santoni steunt op het strenge geloof in een consistente levering van hoge kwaliteit, jaar in jaar uit. Bovendien wordt gestreefd naar voortdurende verbeteringen aan het product en naar constante innovatie. Deze methode heeft zich in de loop der jaren overtuigend bewezen. Eén schoen ondergaat meer dan dertig kwaliteitscontroles voordat hij naar de winkel gaat. Andrea Santoni is persoonlijk verantwoordelijk, vanaf de selectie van de huiden tot en met de laatste controle voor de schoen de verpakking in gaat. Giuseppe wordt bijna poëtisch als hij hun visie op het productieproces beschrijft: "Elke schoen heeft zijn eigen verhaal, eigen identiteit en eigen persoonlijkheid.

Bij Santoni moet je een expert zijn om te begrijpen en in te zien wat moet worden gedaan om de perfecte schoen te creëren."
Giuseppe benadrukt verder de groeiende uitdaging in het vinden van de juiste vakmensen voor het vervaardigen van de schoenen. Daarom heeft het bedrijf een school voor aspirant-schoenmakers opgezet: "Een schoenmaker die bij Santoni aan de slag wil, moet onze visie op kwaliteit en onze productiewijze volledig doorgronden. Onze workflow is zeer specifiek en bij veel mensen onbekend."

POLISH AS A TRADEMARK

Santoni's distinguished style is based on its meticulous approach to stitching, the build of the last and polishing. Santoni applies different construction techniques such as Bentivegna, Bologna and Blake. One of the most recognisable construction methods is probably the Opanca. The sole of an Opanca shoe is cut with a larger rim. The outside is then flattened and bent up. The extra wide edge of the sole is hand sown onto the upper part of the shoe using a double stitch. The end result beautifully displays this handmade aspect of a Santoni shoe.

Polishing is the finishing touch of the process of Santoni and is a real trademark of the company. The polishing steps are meticulously planned and require skilled craftsmanship. In order to obtain the final colour of a shoe, three different colours and two types of polish are applied. Giuseppe: "Certain shoes require my father to polish for half a day. By looking only at the polish of a Santoni shoe, you are able to tell it is a Santoni."

LE CIRAGE COMME MARQUE COMMERCIALE

Le style distingué de Santoni est basé sur une approche très précise du piquage, de la taille et du cirage. Santoni utilise des techniques de construction différentes comme celles de Bentivegna, Bologna et Blake. Une des méthodes de construction la plus évidente qui est utilisée est probablement l'Opanca. La semelle d'une chaussure Opanca est coupée avec une bordure plus grande. L'extérieur est ensuite aplati et plié vers le haut. La bordure de la semelle est fixée sur la partie supérieure de la chaussure avec un piquage solide, fait à la main. Cet aspect de « fait à la main » d'une chaussure Santoni s'exprime merveilleusement dans le résultat final.

Le cirage est la touche finale du processus de fabrication de Santoni et représente le vrai label de l'entreprise. Les phases de cirage exigent un réglage très précis et une grande expertise. La couleur finale d'une chaussure est réalisée en appliquant trois couleurs différentes et deux types de cirage. Giuseppe : « Pour certaines chaussures, mon père a besoin une demi-journée et ce, uniquement pour le cirage. La façon dont la chaussure est cirée vous dévoile déjà que vous êtes en présence d'une chaussure Santoni. »

SMEREN ALS HANDELSMERK

De gedistingeerde stijl van Santoni is gebaseerd op een zeer nauwkeurige benadering van het stikken, de leestbouw en het polijsten. Santoni gebruikt verschillende constructietechnieken, zoals "Bentivegna", "Bologna" en "Blake". Een van de meest herkenbare constructiemethoden die worden gebruikt is waarschijnlijk de "Opanca". De zool voor een "Opanca"-schoen wordt gesneden met een grotere rand. De buitenzijde wordt vervolgens platter gemaakt en omhoog gebogen. Met een zwaar handstiksel wordt de extra ruime zoolrand aan het bovengedeelte van de schoen bevestigd. In het eindresultaat komt dit handgemaakte aspect van een Santoni-schoen prachtig tot uitdrukking.

Het polijsten is de laatste stap in het proces van Santoni en vormt een waar handelsmerk van het bedrijf. De polijstfasen zijn zeer fijn afgestemd en er is groot vakmanschap voor nodig. Om de uiteindelijke kleur van een schoen te verkrijgen, worden drie verschillende kleuren en twee typen schoensmeer aangebracht. Giuseppe: "Bij sommige schoenen heeft mijn vader wel een halve dag nodig om ze alleen maar te polijsten. Als je een schoen van Santoni ziet, zie je alleen al aan hoe die gepolijst is dat het een Santoni is."

CHURCHILL

A Shot of Quality

The name Churchill has its honourable reputation in the world of hunting, as builder of superiorly shaped, handmade and highly detailed guns.

The story starts in 1877 when, after an apprenticeship of seven years, Edwin John Churchill becomes the manager of Frederick T. Baker, an armourer in Fleet Street, London. 'Ted' Churchill did not only build a fine gun, he was also a pigeon shooting champion. In 1891, he established his own company E.J. Churchill which he developed into one of the most competitive and outstanding gunmakers of all time. Founding its initial success on the live pigeon shooting circuit, the reputation of the company was based firmly on the fine balance, exacting fit and superlative finish of its guns and ultimately how they performed in the field.

Un Tir de Qualité

Le nom de Churchill est très respecté dans le monde de la chasse, en tant que constructeur de fusils au design évolué, fabriqués à la main et de belle finition.

L'histoire commence en 1877, lorsqu'Edwin John Churchill, après avoir effectué un apprentissage de sept ans, devient responsable chez Frederick T. Baker, un artisan fabricant de fusils à Fleet Street, Londres. 'Ted' Churchill n'était pas seulement capable de construire de bonnes armes, il était aussi champion de tir aux pigeons. En 1891, il démarre son entreprise et fonde E.J. Churchill, qu'il va ensuite développer comme l'une des fabriques de fusils les plus compétitives et les plus élevées en terme de qualité, de tous les temps. Le succès à l'origine était basé sur les concours de tirs où l'on tirait sur des pigeons vivants; la société se bâtit alors une réputation solide grâce à l'équilibre subtil, le montage précis, la finition supérieure des fusils mais surtout grâce aux performances des armes sur le terrain.

Een Schot in de Roos

De naam Churchill heeft een eerbiedwaardige klank in de jachtwereld, als bouwer van superieur vormgegeven, met de hand vervaardigde en fijn afgewerkte geweren.

Het verhaal begint in 1877, wanneer Edwin John Churchill na een leertijd van zeven jaar bedrijfsleider wordt van Frederick T. Baker, een wapensmid te Fleet Street, Londen. 'Ted' Churchill kon niet alleen een prima geweer bouwen, hij was ook kampioen duivenschieten. In 1891 begon hij voor zichzelf en richtte het bedrijf E.J. Churchill op, dat hij uitbouwde tot een van de scherpst concurrerende en hoogwaardigste geweermakerijen aller tijden. Het aanvankelijke succes was gebaseerd op wedstrijden waarbij op levende duiven werd geschoten en het bedrijf vestigde een stevige reputatie vanwege het fijne evenwicht, de nauwkeurige montage en de superieure afwerking van de geweren, maar bovenal vanwege de prestaties van de wapens in het veld.

www.ejchurchillgunmakers.com

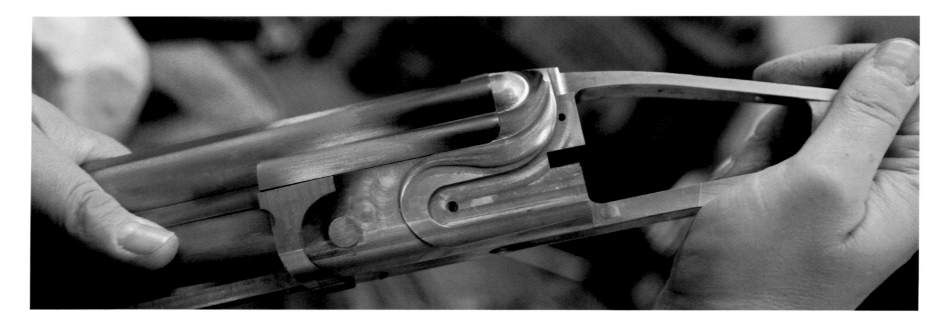

Revival

In 1900, Robert Churchill, Ted's nephew, joined the company a year before Ted passed away. Bob Churchill would also become world-famous thanks to his hunting and pigeon shooting performances. During the Second World War, he instructed the British Home Guard in the art of shooting. Furthermore, he introduced several innovations in the design of the gun, including the 'Churchill rib', and immediately preceding his death in 1955, he published 'Game Shooting', a classic about shooting.

The 1960s and 70s were troubled times and many merges took place in the British arms industry. Churchill jerked along but had to close down in 1984. The historic company with its high-quality traditional craftsmanship seemed to be lost forever.

However, the historic brand was brought back to life by Sir Edward Dashwood, descendant of the libertine secularist Frances Dashwood. Sir Edward ranks in the top twenty of wild hunters in Great Britain and resides at the beautiful West Wycombe Park estate, which has 2,000 hectares of land.

A new team of experienced gunmakers was formed, managed by master gunmaker Lee Butler, an old stable on the estate was converted into a workshop and a year later, the production of the new double-barrelled gun Premiere commenced. In 2003, E.J. Churchill purchased the trading name, intellectual property rights, good will and gun records of Churchill (Gunmakers) Limited and the entire company - shooting range, gunmaker and corporate events- was brought together under E.J. Churchill.

Un nouveau départ

En 1900, son neveu Robert Churchill se joint à l'entreprise, une année avant que Ted ne décède. Bob Churchill va lui aussi connaître la notoriété grâce à ses performances à la chasse et au tir aux pigeons. Pendant la deuxième guerre mondiale, il va donner des leçons de tirs à la Garde Britannique 'Home Guard'. Il va aussi introduire un certain nombre d'innovations dans la conception de l'arme comme la 'Churchill rib', et publie tout juste avant son décès en 1955 'Game Shooting', un ouvrage de base sur le tir.

Les années soixante et soixante-dix du siècle dernier furent un temps d'effervescence et de fusions dans l'industrie des armes britanniques. Churchill va continuer de vivoter mais doit fermer ses portes en 1984. Il sembla alors que l'entreprise historique à la réputation d'un artisanat hautement qualifié avait disparu pour toujours.

Mais Sir Edward Dashwood, descendant du penseur libertin Francis Dashwood, va insuffler une nouvelle vie à la marque historique. Sir Edward figure dans le classement des vingt meilleurs chasseurs de gibier de Grande Bretagne et il est le propriétaire du magnifique domaine de West Wycombe Park, avec 2000 hectares de terrain. Il constitue une nouvelle équipe d'artisans expérimentés sous la conduite du maître de fabrication d'armes Lee Butler, un atelier est aménagé dans une vieille étable sur le domaine et une année plus tard, la fabrication du nouveau fusil à deux coups Premiere peut débuter. En 2003, E.J. Churchill reprend le nom commercial, les droits de propriété intellectuelles, la valorisation et les données de fabrication des armes de Churchill (Gunmakers) Limited, et toute l'entreprise - terrains de tirs, fabricant d'arme et évènements de l'entreprise- est ramenée sous l'enseigne d'E. J. Churchill.

Heropleving

In 1900 kwam zijn neef Robert Churchill bij het bedrijf werken, een jaar voordat Ted kwam te overlijden. Bob Churchill zou ook wereldberoemd worden vanwege zijn prestaties in de jacht en het duivenschieten. Tijdens de Tweede Wereldoorlog gaf hij schietlessen aan de Britse Home Guard. Ook introduceerde hij een aantal innovaties in het geweerontwerp, waaronder de "Churchill rib", en publiceerde hij vlak voor zijn overlijden in 1955 "Game Shooting", een standaardwerk over schieten.

De jaren '60 en '70 van de vorige eeuw waren een tijd van beroering en fusies in de Britse wapenindustrie. Churchill ging met horten en stoten door, maar moest in 1984 de deuren sluiten. Het leek erop dat het historische bedrijf met zijn reputatie van hoogstaand ambachtelijk vakmanschap voorgoed was verdwenen.

Maar het historische merk werd nieuw leven ingeblazen door Sir Edward Dashwood, afstammeling van de libertijnse vrijdenker Francis Dashwood. Sir Edward heeft een plaats in de top twintig van de beste wildjagers van Groot-Brittannië en is de bewoner van het magnifieke landgoed West Wycombe Park, met 2.000 hectare aan landerijen. Er werd een nieuw team van ervaren geweermakers samengesteld onder leiding van de meestergeweermaker Lee Butler, er werd een werkplaats ingericht in een oude stal op het landgoed en een jaar later begon de productie van de nieuwe tweeloops "Premiere". In 2003 nam E.J. Churchill de handelsnaam, intellectuele eigendomsrechten, goodwill en geweerproductiegegevens over van Churchill (Gunmakers) Limited, en de hele onderneming -schietterrein, geweermakerij en bedrijfsevenementenbureau werd onder de vlag van E. J. Churchill gebracht.

TIMELESS CRAFTSMANSHIP WITH A WAITING LIST

The new workshop of Churchill currently produces a few dozen guns per year. The design of several models, such as the Imperial or the Premiere, has been used for more than a hundred years. Timeless craftsmanship and the most advanced manufacturing techniques are used to produce the modern day Churchill. The classic action is built using the very latest CAD technology. "Manufacturing our Premiere guns takes up thousands of hours," says Lee Butler, "compared to approximately 450 hours for the Imperial." By automating a part of the most labour-intensive aspects of the production, we have been able to reduce the waiting list for an Imperial from two to only one year."

The working day of a gunmaker has been largely unchanged since the days of Ted Churchill, according to Lee. "I work on a certain gun and for example, will polish parts, fit the action, assemble the gun, finish off the details. To repair an old gun, firstly, we have to perform research, send certain parts off to external repairers and carefully organise the workflow. Then, all parts are reassembled on the bench and tested outside."

UNE EXPERTISE INTEMPORELLE AVEC UNE LISTE D'ATTENTE

Le nouvel atelier de Churchill fabrique de nos jours quelques dizaines de fusils par an. Différents modèles, comme l'Imperial ou le Premiere, sont des modèles qui sont déjà utilisés depuis plus de cent ans. L'expertise intemporelle et les toutes nouvelles techniques de fabrication sont combinées pour fabriquer le Churchill actuel. Le mécanisme classique est, de nos jours, construit à l'aide des toutes dernières techniques en CAO. « Il faut compter plusieurs milliers d'heures de travail pour la fabrication de nos fusils Premiere, » raconte Lee Butler, « et environ 450 pour l'Imperial. En faisant exécuter à la machine une partie des aspects nécessitant beaucoup de main d'œuvre, nous avons pu réduire la liste d'attente d'un Imperial à seulement un an au lieu de deux. »

La journée de travail d'un artisan fabricant de fusils est, dans les grandes lignes, restée la même que lors du temps de Ted Churchill, selon Lee. « Je travaille sur un fusil précis et je m'occupe éventuellement du polissage des pièces, du montage d'un mécanisme, de l'assemblage de l'arme, de la finition. Pour la réparation d'un vieux fusil, nous devons d'abord l'examiner: certaines pièces doivent être envoyées à des réparateurs externes et le déroulement des opérations doit être organisé avec soin. Ensuite tout doit être remonté sur l'établi et puis testé sur le terrain. »

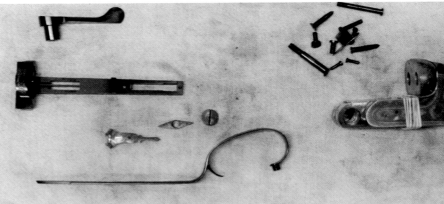

TIJDLOOS VAKMANSCHAP MET EEN WACHTLIJST

De nieuwe werkplaats van Churchill vervaardigt tegenwoordig enige tientallen geweren per jaar. Diverse modellen, zoals de "Imperial" of de "Premiere", zijn ontwerpen die al meer dan 100 jaar worden gebruikt. Tijdloos vakmanschap en de nieuwste productietechnieken worden gecombineerd voor de vervaardiging van de hedendaagse Churchill. Het klassieke mechanisme wordt vandaag de dag gebouwd met behulp van de allernieuwste CAD-technieken. "In de vervaardiging van onze "Premiere"-geweren gaan duizend manuren zitten." vertelt Lee Butler, "tegenover circa 450 voor de "Imperial". Door een deel van de meest arbeidsintensieve aspecten van de productie machinaal uit te voeren, hebben we de wachtlijst voor een "Imperial" kunnen verkorten tot slechts één, in plaats van twee jaar."

De werkdag van een geweermaker is in grote lijnen nog hetzelfde als in de tijd van Ted Churchill, aldus Lee. "Ik werk aan een bepaald geweer en houd me misschien bezig met het polijsten van onderdelen, het monteren van een mechanisme, het in elkaar zetten van het geweer, de afwerking. Voor de reparatie van een oud geweer moeten we eerst onderzoek doen, sommige onderdelen worden naar externe reparateurs gestuurd en de opeenvolging van taken moet zorgvuldig worden georganiseerd. Vervolgens wordt alles op de werkbank weer in elkaar gezet en daarna buiten in het veld getest."

EVERYONE TO HIS OWN TASTE

Barrel manufacture starts with the forging of chopper lump tubes which are cut and bored from the highest grade chrome nickel steel, after which two barrels are soldered. After carefully jointing the barrels to the main body of the action, the jointer then passes the barrelled action to the actioner who meticulously fits all bolting and lever work.
After this work is completed both the action and barrels are proofed for their pressure-resistance at the London Proof House. After proofing the actioner then fits all the internal mechanisms and lockwork before passing the gun onto the stocker who fits the stock and fore-end.

Hand picked deluxe walnut is selected for its outstanding figuring with both warm colour and well defined grain. When the stock and fore-end have been seamlessly married to the action and barrels, the gun is finally regulated and the stock finished for chequering. The gun is then ready for engraving.

CHACUN SON GOÛT

En ce qui concerne les nouveaux fusils, la fabrication débute par le forgeage des tubes, composés en acier au chrome-nickel de la plus haute qualité, qui est scié puis 'poncé', et les deux tubes sont alors soudés entre eux. Après que les canons aient été montés sur la partie principale du mécanisme avec précision, l'ouvrier confie le mécanisme ainsi équipé à un constructeur de mécanisme qui va procéder au réglage de précision.
Le mécanisme et les canons vont alors être contrôlés à la London Proof House, où ils doivent démontrer leur résistance à la pression. Après ce contrôle, le constructeur de mécanisme insère toutes les mécaniques internes et la gâchette, et le fusil est ensuite donné au responsable du chargement du fusil qui monte alors la crosse.

Le bois de noyer est utilisé pour sa belle apparence, ses tons chauds et son grain net. Après un montage, sans aucune soudure, du mécanisme et des canons sur la crosse, le fusil est enfin mis au point et la crosse terminée. Le fusil est maintenant prêt pour être transporté au graveur.

IEDER ZIJN EIGEN SMAAK

Voor nieuwe geweren begint de productie met het smeden van buizen, vervaardigd van chroom-nikkelstaal van de hoogste kwaliteit, die wordt afgezaagd en 'uitgelept', waarna de twee buizen aan elkaar worden gesoldeerd. Nadat de lopen zorgvuldig aan het hoofdgedeelte van het mechanisme zijn gemonteerd, geeft de monteur het van lopen voorziene mechanisme door aan de mechanisme-bouwer die al het precisiewerk verricht.
Het mechanisme en de lopen worden beproefd in het London Proof House, alwaar ze hun drukbestendigheid moeten bewijzen. Na deze beproeving brengt de mechanisme-bouwer alle inwendige mechanieken en het sluitwerk aan, waarna het geweer wordt doorgegeven aan de ladenmaker, die de kolf aanbrengt.

Notenhout wordt gebruikt vanwege het mooie uiterlijk, met een warme kleur en een duidelijke nerf. Na een naadloze montage van mechanisme en lopen op de kolf wordt het geweer ten slotte afgesteld en de kolf afgewerkt. Het geweer is nu klaar om naar de graveur te gaan.

The gun is hand engraved with painstaking attention to detail by superbly skilled craftsmen. One of the engravers of Churchill, Peter Cusack, has also provided engravings for British bank notes and stamps in the past - using the same techniques. The effect is that the gun is transported from the realms of mere mechanical excellence to a work of art with grace and movement in both the shape and detail of the engraving.

Customers may prefer to order from a range of different engraving styles to suit their own particular preference, whether it be a game scene or a favourite gun dog. "I have seen all sorts on guns," says Lee. "We once made a pair of guns for a man from central London engraved with naked ladies. Everyone to his own taste." "We have a catalogue", he says, "but most people present us with a picture of their gun dog or their children. Arabs love an abundance of gold, Germans prefer a complicated curl design engraved in the metal - a style called acanthus leaf." Engraving takes three months; the less complicated rose curl design may be delivered in two months.

After engraving, the action is colour case hardened, the gun regulated and the wood finished with repeated applications of oil - a technique called 'raising and ghosting' - to enhance the natural grain. After this process, the oil will be fully permeated into the wood. The end result is not just a gun but a technical tour de force and an artwork, a personal statement in a sport with appreciation for heritage and understatement.

Le fusil est gravé à la main et de façon extrêmement précise par des artisans qualifiés éminents. Un des graveurs de Churchill, Peter Cusack, a par le passé également réalisé des gravures pour les billets de banque et les timbres britanniques - les mêmes techniques sont d'actualité à cet égard. L'effet obtenu est que le fusil est élevé d'un niveau d'excellence uniquement mécanique à un plan plus élevé qui est celui d'une véritable oeuvre d'art, tout en élégance et en fluidité tant sur le plan du design que dans les détails de la gravure.

Le client peut choisir d'après différents style de gravures et d'illustrations, une scène de chasse ou son chien favori par exemple. « J'ai déjà tout vu sur des fusils,» raconte Lee. « Pour un homme du centre de Londres, nous avons même réalisé un ensemble de fusils avec des femmes nues. Chacun son goût. » Ils possèdent un catalogue, déclare t'il ainsi, "mais la plupart des gens viennent avec une photo d'un chien de chasse ou de ses enfants. Les arabes aiment qu'il y ait beaucoup d'or, les allemands sont plus amateurs d'un motif lourd à spirale gravé dans le métal - un style appelé feuille d'acanthes." Cet ouvrage de gravure dure trois mois, les autres décorations en forme de rose nécessitant moins d'heures de travail peuvent être exécutées en deux mois.

Après la gravure, le mécanisme doit être recouvert d'une finition de durcissement de surface colorée, le fusil est alors mis au point et le bois enduit de plusieurs couches d'huile - une technique appelée 'raising and ghosting' - pour accentuer le grain naturel du bois. Après cette opération, l'huile est entrée en profondeur dans le bois. Le résultat final n'est pas seulement un fusil mais un petit bijou technique et une oeuvre d'art, une déclaration très personnelle au sein d'un sport qui a de la considération pour l'héritage et ce n'est rien de le dire.

Het geweer wordt handmatig en uitermate zorgvuldig gegraveerd door vooraanstaande ambachtslieden. Een van de graveurs van Churchill, Peter Cusack, heeft in het verleden ook gravures voor Britse bankbiljetten en postzegels vervaardigd - daar komen dezelfde technieken bij kijken. Het effect is dat het geweer van het niveau van zuiver mechanische uitmuntendheid wordt opgetild naar het hogere plan van een echt kunstwerk, met elegantie en beweging in zowel de vormgeving als de details van het graveerwerk.

De klant kan kiezen uit diverse graveerstijlen en afbeeldingen, bijvoorbeeld een jachttafereel of zijn eigen favoriete jachthond. "Ik heb al van alles gezien op geweren," vertelt Lee. "Voor een man uit het centrum van Londen hebben we zelfs ooit een stel geweren gemaakt met gravures van blote dames erop. Ieder zijn eigen smaak." "We hebben een catalogus", zo vertelt hij, "maar de meeste mensen geven ons een foto van een jachthond of van hun kinderen. Arabieren houden van veel goud, Duitsers meer van een in het metaal gegraveerd zwaar krulpatroon - een stijl die acanthusblad wordt genoemd." Dit graveerwerk duurt drie maanden, de minder bewerkelijke rozenkrulversiering kan in twee maanden worden afgeleverd.

Na het graveren ondergaat het mechanisme een gekleurde oppervlakteharding, wordt het geweer afgesteld en het hout afgewerkt met meerdere lagen olie - een techniek die "raising and ghosting" heet - om de natuurlijke nerf te benadrukken. Na afloop hiervan is de olie diep in het hout doorgedrongen. Het eindresultaat is niet zomaar een geweer, maar een technisch hoogstandje en een kunstwerk, een persoonlijk uiting in een sport met waardering voor erfgoed en understatement.

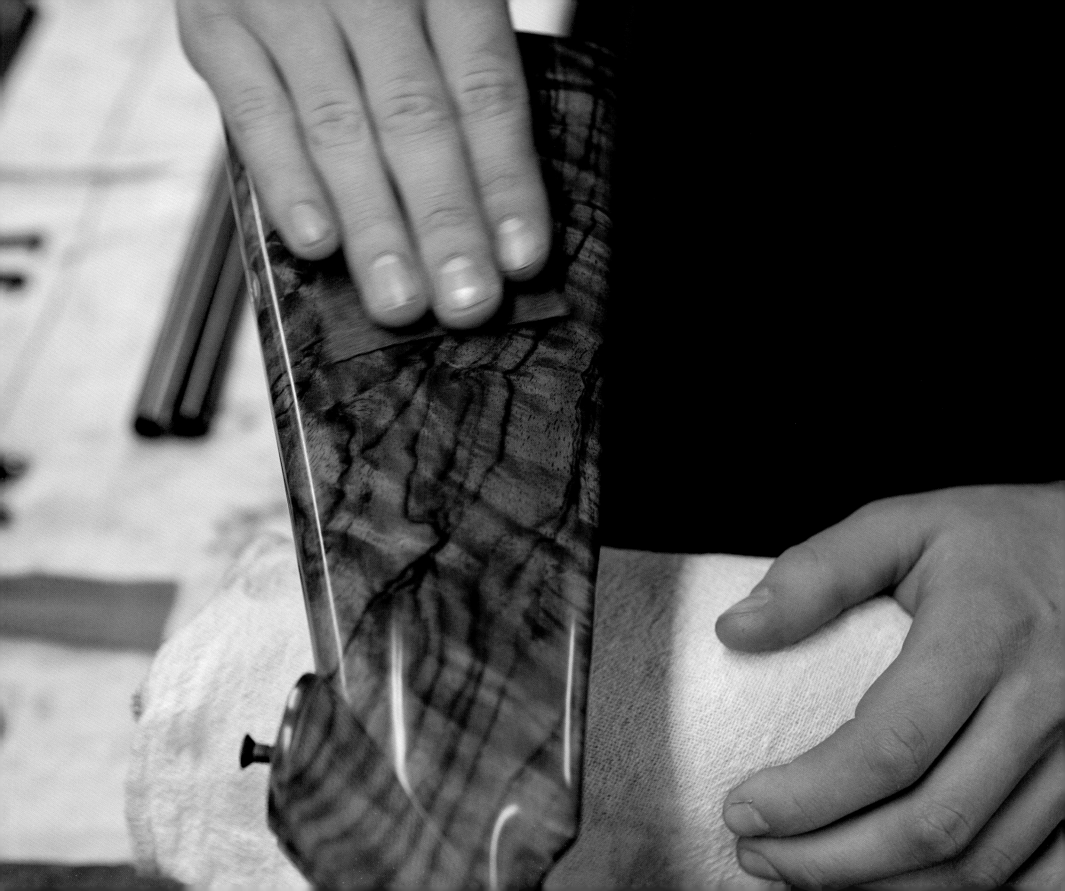

LORENZINI

Shirts Made in Style

"Handmade in Italy; similar to coffee: the basic ingredients are as good as identical, however, the manufacturing makes the difference.
"These are the words of Mirta Lorenzini and her husband Guido. Mirta is the fourth generation of Lorenzinis and is the general manager of the company. Together with Guido, she maintains the heritage of Antonio Lorenzini and the craftsmanship of manufacturing shirts.

In 1920, together with his son Angelo, Antonio Lorenzini established the company in the hills of Merate near Milan. Lorenzini discovered a major opportunity to manufacture men's shirts, pyjamas and nightshirts and began to supply the Italian colonies Somalia, Libya and Eritrea. Typical of Lorenzini shirts in that period were the stiff, detachable collars and cuffs made by two highly skilled tradesmen. One skilfully prepared all the pieces, the other sowed them all together. It was only during the interbellum period that the middle class in Italy increased in size, creating the largest market for Lorenzini.

Des Chemises de Fabrication Stylée

« Fabriqué à la main en Italie, c'est comme pour le café: tous les ingrédients de base sont presque identiques, mais c'est la fabrication qui fait la différence. » C'est ce que disent Mirta Lorenzini et son mari Guido. En attendant, Mirta est la quatrième génération de la famille Lorenzini qui dirige l'entreprise du même nom. Avec Guido, elle perpétue l'héritage d'Antonio Lorenzini et le métier de la fabrication de chemises.

Antonio Lorenzini a fondé l'entreprise avec son fils Angelo en 1920, sur les collines de Merate près de Milan. Lorenzini a découvert qu'il existait un marché important des chemises pour homme, les pyjamas et les chemises de nuit et a commencé à fournir les colonies italiennes en Somalie, en Lybie et en Erythrée. Ce qui caractérisait Lorenzini à cette période, c'étaient les faux cols amidonnés et les manchettes qui étaient fabriqués par deux artisans extrêmement qualifiés. Le premier préparait les pièces d'une main experte et l'autre cousait le tout ensemble. Ce n'est que durant l'entre deux guerres que la classe moyenne s'est développée en Italie et avec elle, un plus grand marché pour Lorenzini.

Stijlvol Gemaakte Hemden

"Handmade in Italy; het is net als bij koffie: alle basisingrediënten zijn nagenoeg identiek, maar het gaat om hoe het gemaakt wordt."
Aan het woord zijn Mirta Lorenzini en haar echtgenoot Guido. Inmiddels is Mirta de vierde generatie uit de Lorenzini-familie die de gelijknamige onderneming leidt. Samen met Guido houdt zij het erfgoed van Antonio Lorenzini en de ambacht van het vervaardigen van hemden in stand.

Samen met zijn zoon Angelo stichtte Antonio Lorenzini in 1920 het bedrijf in de heuvels van Merate nabij Milaan. Lorenzini ontdekte dat er een grote markt bestond voor herenhemden, pyjama's en nachthemden en startte met levering aan de Italiaanse kolonies Somalië, Libië en Eritrea. Kenmerkend voor Lorenzini in die periode waren de gesteven, losse boorden en manchetten die door een team van twee uiterst bekwame vakmensen werden vervaardigd. Een bereidde de stukken vakkundig voor en de ander naaide het geheel samen. Pas tijdens het interbellum groeide de middenklasse in Italië, waarmee tevens de grootste afzetmarkt voor Lorenzini ontstond.

www.lorenzini.it

GOING ABROAD

Real international success arrived in 1962. Giancarlo Lorenzini
– grandson of Antonio – took over the company together with his
wife and initiated an alternative approach to the trade: the heritage of
craftsmanship and experience in combination with modern technology.
This, in combination with finest Egyptian and West Indian cottons,
woven by the best weaving mills in Italy, resulted in the best shirts
that were available. Thanks to new technologies, flexible, sprightly and
sophisticated designs were made possible which significantly added to
the collection. In a short period of time, top quality became the norm
in the large collection. Mirta talks about the expansion: "My mother
travelled on her own to Germany with a suitcase full of shirts to further
expand the business. For an Italian woman to travel on her own in those
days was unheard of. Therefore, her energy and dedication were very
unique in that respect!"

AU DELÀ DE LA FRONTIÈRE

Il faudra attendre 1962 pour connaître le premier succès véritable au
niveau international. Giancarlo Lorenzini – petit-fils d'Antonio – a pris
les commandes avec sa femme Antonia et a introduit une approche
adaptée du métier: associer l'héritage de l'artisanat et de l'expérience
à la technologie moderne. En combinant cela avec le coton le plus
noble d'Egypte et des Indes occidentales, tissé par les meilleurs ateliers
de tissage italiens, on obtenait la meilleure chemise sur le marché.
Grâce aux nouvelles technologies, sont apparus des motifs flexibles,
nouveaux et sophistiqués, ce qui a considérablement élargi l'offre.
Dans un laps de temps très court, on présenta la qualité suprême dans
une large collection qui devint la nouvelle norme. Mirta nous parle du
développement: « Ma mère est partie en voyage en Allemagne, seule
avec une valise remplie de chemises pour développer les activités.
A cette époque, c'était inouï pour une Italienne de voyager comme cela.
A cet égard, il faut reconnaître que son énergie et son dévouement
étaient aussi très particuliers! »

DE GRENS OVER

Het echte internationale succes maakte zijn opwachting in 1962.
Giancarlo Lorenzini – kleinzoon van Antonio – nam samen met zijn
vrouw Antonia het roer over en initieerde een aangepaste benadering
van het vak: het erfgoed van vakmanschap en ervaring verweven met
moderne technologie. Dit, in combinatie met het meest hoogstaande
Egyptische en West-Indische katoen, geweven door de beste Italiaanse
weverijen, resulteerde in het beste hemd dat verkrijgbaar was.
Dankzij nieuwe technologieën ontstonden flexibele, frisse en
gesofisticeerde dessins die het aanbod aanzienlijk verbreedden.
In een kort tijdsbestek werd topkwaliteit gepresenteerd in een ruime
collectie de nieuwe norm. Mirta over de uitbreiding: "Mijn moeder ging
in haar eentje met een koffer vol hemden op reis naar Duitsland voor
verdere uitbreiding. Als Italiaanse vrouw in die periode was dat eigenlijk
ongehoord. Haar energie en toewijding waren dan ook heel bijzonder!"

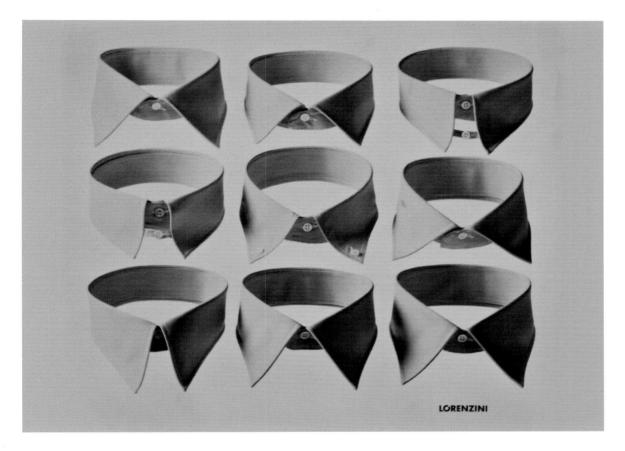

LORENZINI

Il Maestro – Giancarlo Lorenzini's nick name – had his own personal view on collars and introduced a wide range of designs. "My father was so passionate about his work that he fabricated countless creations. One of the most famous is available exclusively in Lorenzini's 1920 collection. The fabric at the bottom of the collar near the neckline - in the centre of the lowest part - is trimmed allowing more room for the tie. A highly innovative detail, making tight and hard collars a thing of the past."

Only 60 shirts - including tailor-made parts - for both men and women are manufactured per day. In order to guarantee its high quality control label, Lorenzini only produces shirts in its own factory. Computer driven cutting machines ensure precision and consistency of fit.
Modern technology and logistics offer flexibility, resulting in a choice of no less than seven different bodies. Add an infinite combination of collars, cuffs and personal detail and you have an exceptionally unique product.

Il Maestro – le surnom de Giancarlo Lorenzini – avait une vision toute personnelle des cols et il produisit une large gamme de projets et de constructions. « Mon père était si passionné par son travail qu'il a inventé une quantité incalculable de créations. Une de ses créations les plus célèbres est uniquement disponible dans la ligne exclusive 1920 de Lorenzini. A l'arrière du col près du cou - au milieu de la partie inférieure – le tissu est coupé, ce qui laisse de la place pour la cravate. Un détail des plus novateurs qui fait que les cols raides et durs appartiennent au passé. »

On ne réalise que soixante chemises par jour – y compris les modèles sur-mesure – aussi bien pour homme que pour dame. Lorenzini ne crée des chemises que dans sa propre usine afin de pouvoir garantir un contrôle de qualité exceptionnel. Les machines à couper commandées par ordinateur garantissent la précision et la consistance de la coupe. La technologie et la logistique modernes offrent une flexibilité avec pour résultat une offre de non moins de sept coupes de base différentes. Ajoutez à cela une gamme particulière de cols, de manchettes et de détails personnels et l'on peut parler d'un produit des plus intimes.

Il Maestro – de bijnaam van Giancarlo Lorenzini – had een geheel eigen visie op boorden en bracht een breed scala aan ontwerpen en constructies voort. "Mijn vader was zo gepassioneerd in zijn vak dat hij talloze creaties bedacht. Een van zijn meest beroemde creaties is uitsluitend verkrijgbaar in de exclusieve "1920-lijn" van Lorenzini. Aan de onderkant van de boord bij de nek – in het midden van het onderste gedeelte – wordt de stof getrimd waardoor er ruimte ontstaat voor de das. Een uiterst innovatief detail waardoor strak en hard aanvoelende boorden tot het verleden behoren."

Slechts 60 hemden – inclusief maatwerk – voor zowel dames en heren worden per dag gerealiseerd. Lorenzini creëert hemden uitsluitend in de eigen fabriek teneinde een uitstekende kwaliteitscontrole te kunnen garanderen. Computergestuurde snijmachines garanderen precisie en consistentie in pasvorm. Moderne technologie en logistiek biedt flexibiliteit met als resultaat een aanbod van niet minder dan zeven verschillende basis pasvormen. Tel daar het bijzondere gamma aan boorden, manchetten en persoonlijke details bij en men kan spreken van een uiterst uniek product.

Manufactured in steps

Using modern technology in the current market is a must; however, it will never dominate Lorenzini's production of garments. It was, is and will remain pure craftsmanship that produces Lorenzini's shirts. "The value is embedded in the shirt; from the buttons to the fabric of the lining, but most of all the passion and traditional production methods. After cutting the body, the shirt is then trusted into the hands of a 'maestre' – some of whom are even descendants of specialists who worked for the previous Lorenzini generation – and traditionally finished. More than 80 minutes and 50 steps go into the creation of a shirt. 1.70 to 2 metres of fabric are used per shirt. The highest qualities of two-ply cotton and linen are produced by twisting two yarns together with a count of 200/2. This means 200 metres of yarns form a mass of only 1 gram(!). Aside from a variety of qualities of cotton, other fibres such as linen, cashmere, various types of wool and silk are used.

Une fabrication par étapes

L'application de la technologie moderne est un must sur le marché actuel, mais cela ne prendra jamais le dessus dans le procédé de fabrication des vêtements Lorenzini. C'était, c'est et cela reste de l'artisanat pur, le travail à la main où se trouve la force de Lorenzini, réside dans le procédé de fabrication. « La valeur est dans la chemise. Des boutons aux tissus de la doublure, mais avant tout la passion et le procédé de fabrication artisanal. »
Après la coupe des pièces principales, la chemise est confiée aux mains d'un maestro – certains étant même des descendants des spécialistes de la première période Lorenzini. – et le vêtement est transformé de manière sartoriale.
Chaque chemise passe par cinquante étapes différentes, ce qui dure en moyenne au total quatre-vingt minutes. Par chemise, on utilise entre 1,70 mètres et 2 mètres de tissu. Les meilleures qualités de coton et de lin à deux plis sont fabriquées en tournant deux fils ensemble avec un rapport de 200/2. Ce qui veut dire que chaque longueur de 200 grammes de fil pèse seulement 1 gramme (!). En plus des différentes qualités de coton, on emploie aussi des tissus comme le lin, le cachemire et différentes sortes de laine et de soie.

Opgebouwd in fases

Het toepassen van moderne technologie is in de huidige markt een must maar het zal nimmer de boventoon voeren in de maakwijze van een Lorenzini-kledingstuk. Dat was, is en blijft het pure vakmanschap, het handwerk waarbij de kracht van Lorenzini ligt in hoe het shirt vervaardigd wordt. "De waarde zit in het hemd. Van de knopen tot de stoffen van de voering, maar bovenal de passie en ambachtelijke maakwijze."
Na het snijden van de body work wordt het hemd toevertrouwd aan de handen van een "maestre" – sommigen zelfs nazaten van specialisten uit de vroege Lorenzini-periode – en wordt het kledingstuk op sartoriale wijze verwerkt.
Ieder shirt doorloopt 50 verschillende fase, hetgeen in totaal gemiddeld 80 minuten duurt. Per hemd wordt 1,70 meter tot 2 meter stof gebruikt. De beste kwaliteit "two-ply"-katoen en linnen wordt vervaardigd door twee draden samen te draaien met een verhouding van 200/2. Dit betekent dat elke 200 meter draad slechts 1 gram(!) weegt. Naast verscheidene katoenkwaliteiten worden stoffen als linnen, cashmere, verschillende wolsoorten en zijde gebruikt.

INTRINSIC VALUE

A shirt is made from 25 different pieces, precisely cut to perfectly realise the design; for example, the flawless connection between the shoulder and sleeves does not (normally) exist on ordinary shirts. Hand-pressing, hand-cutting some parts of the shirt and hand-sewing are just some of the tricks necessary to attain top quality results. Only the most experienced craftsmen are able to sew a collar or sleeve; requiring an extremely high level of skilled knowledge, as this step determines the actual shape of the shirt. Thanks to its construction, the shirt adjusts to the movements of the person wearing it, allowing for an unprecedented high level of comfort.
The intrinsic values of a shirt are in the production method and the details. A top quality shirt is by definition a compilation of details. Details that go unnoticed at first. The buttons for example, make a clear difference when it comes to detail. Lorenzini collaborates exclusively with Gritti S.A., using the Australian Mother of Pearl. The buttons are cut out from the middle of the shell, sanded and cut to the correct thickness and shape.

All this characterises Lorenzini as a typical Italian family company with a clear mission: to preserve the heritage of purely traditional techniques. Mirta: "Our customers are proud to wear a Lorenzini shirt... in the same way that we are proud of making them!"

UNE VALEUR INTRINSÈQUE

La chemise est composée de 25 pièces distinctes qui ont été coupées de telle manière qu'elles puissent correspondre entièrement au patron, comme par exemple, lors du passage de la pièce d'épaule aux manches – ce qui n'est pas (souvent) le cas pour les chemises moins chères. Le repassage, la coupe de certaines parties de la matière et le brochage par des mains expertes sont quelques uns des secrets du résultat final. Seuls les collaborateurs les plus expérimentés sont capables de brocher un col ou une manche. Une partie qui exige une expertise extrême étant donné qu'à ce stade-ci, la chemise prend sa forme finale. Du fait de sa construction, la chemise s'adapte aux mouvements de la personne qui la porte, et on éprouve alors un niveau de confort prodigieux.
La valeur intrinsèque d'une chemise se trouve dans le procédé de fabrication et les détails. Une chemise de qualité supérieure est par définition une union entre différents détails. Des détails que, de prime abord, on ne remarque pas souvent. Parmi les détails, les boutons en sont un au sens littéral. Lorenzini collabore ici avec entre autres Gritti S.A., où l'on travaille exclusivement avec la nacre de perle australienne. Les boutons sont taillés dans le noyau de la coquille, après quoi, ils sont polis et transformés pour obtenir la grosseur et la forme voulues.

Cela fait de Lorenzini une entreprise familiale italienne typique avec une mission claire: garantir un héritage qui consiste en un artisanat pur. Mirta: « Nos clients doivent être fiers de porter une chemise Lorenzini...tout comme nous sommes très fiers de sa fabrication! »

INTRINSIEKE WAARDE

Het hemd bestaat uit 25 afzonderlijke stukken die dusdanig gesneden zijn dat het patroon volledig aansluit, zoals bijvoorbeeld bij de overgang van het schouderstuk naar de mouwen –wat bij goedkopere shirts (vaak) niet het geval is. Het persen, het snijden van sommige delen van de stof en het brocheren met vakbekwame handen zijn enkele geheimen van het uiteindelijk resultaat. Uitsluitend de meest ervaren medewerkers zijn in staat een kraag of een mouw te brocheren - een onderdeel dat extreme vakkundigheid vereist gezien het hemd in deze fase zijn uiteindelijke vorm krijgt. Dankzij de constructie van het hemd, past het zich aan de bewegingen van de drager aan, waardoor men een ongekend hoog niveau van comfort voelt.
De intrinsieke waarde is een optelsom van de maakwijze en details. Een shirt van de hoogste rang is per definitie een samensmelting van details. Details die in eerste instantie vaak niet eens opvallen. De knopen bijvoorbeeld zijn letterlijk de pareltjes onder de details. Lorenzini werkt hiervoor samen met o.a. Gritti S.A. waarbij uitsluitend Australische parelmoer wordt gebruikt. De knopen worden vanuit het middenstuk van de schelp gesneden, waarna ze geschuurd en verwerkt worden tot de juiste dikte en vorm.

Het maakt Lorenzini tot een typisch Italiaanse familiebedrijf met een heldere missie: het waarborgen van een erfgoed bestaande uit pure ambacht. Mirta: "Onze klanten moeten trots zijn op het dragen van een Lorenzini shirt... net zoals wij enorm trots zijn op het maken ervan!"

WILSON AUDIO

Industrial Artist

The American loudspeaker manufacturer Wilson Audio belongs to a select group of those at the absolute top of the audio world. Founder Dave Wilson's prime ambition is not only to create a series of profitable products but to exceed the limit of what is deemed possible. Therefore, he likes to describe his products as industrial art.

Why are Wilson Audio loudspeakers so unique? It is not the fact that Wilson Audio claims to produce the most realistic sounding loudspeakers in the world. Every loudspeaker manufacturer who takes himself seriously declares to do so. It is the fact however, that his loudspeakers actually prove this to be true. How did Wilson Audio achieve this? Dave Wilson comments: "By only scantily compromising. The only compromise that I am willing to make is when taking into account its use in a certain situation or space. Compromises with regard to price and design are non-existent when you try to eliminate the loudspeaker from the musical rendition."

Artiste Industriel

Le fabricant américain d'enceintes acoustiques Wilson Audio appartient à un petit groupe de fabricants triés sur le volet qui représentent ce qu'il y a de mieux dans le monde audio. La première ambition de son fondateur, Dave Wilson, n'est pas, à proprement parler, de faire des produits de série lucratifs, mais de repousser les frontières des possibilités avérées. Ce qui explique qu'il se plaise à décrire ses produits comme relevant plutôt de l'art industriel.

Mais en quoi les enceintes Wilson Audio sont-elles aussi uniques? Passons sur le fait que Wilson Audio affirme fabriquer des enceintes dont l'écoute serait la plus réaliste au monde, car c'est là ce que prétend tout fabricant d'enceintes, pour autant qu'il se prenne un tant soit peu au sérieux. Mais si l'on s'en tient aux faits, la pratique semble bien lui donner raison. Quel est le secret de Wilson Audio? Si l'on en croit Dave Wilson lui-même: « Ne faire que très peu de compromis. Le seul compromis auquel je veux me soumettre tient à ce qu'il m'arrive de devoir tenir compte de l'usage qu'est fait des enceintes dans une certaine situation ou dans un local donné. Les compromis au niveau du prix ou du design n'entrent pas en ligne de compte lorsque l'on s'évertue, de fait, à faire en sorte que soit fait abstraction des enceintes dans la reproduction musicale. »

Industrieel Artiest

De Amerikaanse luidsprekerfabrikant Wilson Audio behoort tot een select gezelschap dat de absolute top in de audiowereld vormt. Grondlegger Dave Wilsons eerste ambitie is dan ook niet het maken van winstgevende serieproducten, maar om de grenzen van wat mogelijk wordt geacht te verleggen. Hij omschrijft zijn producten daarom graag als industriële kunst.

Wat maakt Wilson Audio luidsprekers zo uniek? Niet slechts het feit dat Wilson Audio claimt de meest realistisch klinkende luidsprekers ter wereld te bouwen. Want dat beweert elke zichzelf serieus nemende luidsprekerfabrikant. Wel het feit dat zijn luidsprekers zich in de praktijk als zodanig bewijzen. Hoe Wilson Audio dat bereikt? Dave Wilson zegt er zelf dit over: "Door slechts mondjesmaat compromissen te sluiten. Het enige compromis dat ik me wil opleggen is dat ik soms rekening moet houden met het gebruik in een bepaalde situatie of ruimte. Compromissen qua prijs of vormgeving bestaan niet wanneer je de luidspreker feitelijk uit de muziekweergave probeert weg te cijferen."

www.wilsonaudio.com

History

Dave Wilson discovered sound equipment when he was an adolescent. "This was the result of an unexpected experience when listening to a Klipsch system placed outdoors. The singing of a group of carollers was so striking that it was difficult to differentiate between this and live music. I wanted to find out more, and in the following years I gained experience and knowledge, and started to experiment myself by building loudspeakers. At first my brain could not keep up with my soldering iron and I had a few smoking mishaps. Eventually I realised the value of analytical thinking and I took one step at a time." This experience was the onset of a hobby which he would turn into his profession after his studies. For years, Dave worked as a research designer, however, he preferred to build loudspeakers and a never ending series of experiments marked the beginning.

Historique

Au cours de son adolescence, Dave Wilson développa un intérêt grandissant pour les appareils audio. « C'est venu à la suite d'une expérience d'écoute inattendue, en plein air, avec un système Klipsch. On pouvait entendre une formation de chanteurs.
La reproduction était à ce point saisissante qu'en restant un peu à distance, elle se distinguait à peine d'une écoute 'life'. J'ai voulu en savoir plus et dans les années qui suivirent, j'ai accumulé un tas d'expériences et de connaissances et j'ai commencé à expérimenter et à monter moi-même des enceintes. Jusqu'au jour où, en maniant le fer à souder plus vite que ne le permettait le bon sens, j'ai été confronté à un résultat plutôt fumant. J'ai alors réalisé qu'il était utile de penser analytiquement et de travailler de manière phasée. »
Apparemment, ce fut, là, l'amorce de quelque chose qui, après ses études, devint sa profession. Dave travailla pendant des années comme 'concepteur-rechercheur'. Mais ce qu'il trouvait le plus intéressant, c'était de fabriquer lui-même des enceintes, et il se lança dans une série infinie d'expérimentations.

Geschiedenis

Dave Wilson kreeg in zijn adolescentenjaren interesse in geluidsapparatuur. "Dat was het gevolg van een onverwachte luisterervaring met een in de openlucht spelend Klipsch-systeem. Dat gaf een zanggroep zo treffend weer dat het van enige afstand nauwelijks van echt te onderscheiden was. Hier wilde ik meer van weten, en in de jaren erna zoog ik me vol met ervaringen en kennis en begon ik zelf te experimenteren met het bouwen van luidsprekers. Toen ik op een dag de soldeerbout sneller hanteerde dan mijn gezonde verstand kon volgen en geconfronteerd werd met de smeulende gevolgen, besefte ik dat het nuttig is om analytisch na te denken en stap voor stap te werken." Het bleek de aanzet tot iets waar hij na zijn studie zijn beroep van maakte. Dave werkte jarenlang als "research designer". Maar zelf luidsprekers bouwen vond hij het meest interessant en een nooit eindigende reeks aan experimenten kreeg daarmee zijn aanvang.

GARAGE AS WORKSHOP

Dave Wilson's passion became classical music. He even recorded musical performances and decided to release them. Nearly every loudspeaker system compromises on sound to some extent; however, not the high-end systems of Wilson Audio. Wilson built his first loudspeakers because he was not satisfied with the system he was using in his studio.

Dave Wilson says: "Wilson Recording was launched, followed by Wilson Audio. Aside from the music recordings, I decided to commercially sell my ultimate creation, the WAMM loudspeaker system. I resigned from my job as research designer and transformed my garage into a workshop."

Despite the hefty price tag of the WAMM ($28,000 in 1981), he sold five sets over a short period. "To this day I continue to develop these loudspeakers", says Wilson. This has resulted in an even further enhanced product, with a matching price tag: the WAMM system currently sells for $225,000.

UN GARAGE COMME ATELIER

Les goûts musicaux de Dave Wilson se développèrent avec une tendance marquée pour la musique classique. Il réalisa lui-même des enregistrements d'exécutions musicales et, à un certain moment, décida de les éditer. Pratiquement tous les systèmes d'enceintes compriment le son à des degrés divers, mais ce n'est pas le cas des systèmes haut de gamme de Wilson Audio. Wilson monta ses premières enceintes parce qu'il n'était pas satisfait du système alors utilisé dans son studio.

Dave Wilson nous explique comment les choses se sont passées : « Wilson Recording était née, suivie, peu après, de Wilson Audio. J'avais également décidé, plus exactement, à côté de mes enregistrements musicaux, de commercialiser ce qui était alors ma création ultime : le système d'enceintes 'WAMM'. J'ai démissionné de mon job de concepteur-chercheur et j'ai installé mon atelier dans mon garage. »

Malgré le prix élevé des 'WAMM' (en 1981, le système coûtait 28 000 dollars), il en vendit cinq en un rien de temps. Wilson : « Jusqu'à ce jour, je continue à travailler au développement de cette enceinte. » Il en est résulté un produit encore meilleur, mais dont le prix est proportionnel à la qualité: le système 'WAMM' coûte, de nos jours, environ 225.000 dollars.

GARAGE ALS WERKPLAATS

Dave Wilsons smaak ontwikkelde zich met een nadrukkelijke voorkeur voor klassieke muziek. Hij maakte hierbij zelf opnames van muziekuitvoeringen en besloot op een gegeven moment om deze uit te gaan geven. Vrijwel elk luidsprekersysteem comprimeert het geluid in meerdere of minder mate; zo niet de high-end systemen van Wilson Audio. Wilson bouwde zijn eerste luidsprekers omdat hij niet tevreden was met het systeem dat hij destijds in zijn studio gebruikte.

Dave Wilson vertelt: "Wilson Recording was geboren en werd niet veel later gevolgd door Wilson Audio. Ik had namelijk besloten om naast mijn muziekopnames, ook mijn ultieme creatie tot dan toe, het "WAMM"-luidsprekersysteem, commercieel op de markt te brengen. Mijn baan als onderzoeksontwerper zei ik op. Mijn garage werd mijn werkplaats."

Ondanks het forse prijskaartje van de "WAMM" (in 1981 bedroeg dat 28.000 dollar) werden er in korte tijd vijf sets van verkocht. "Tot op de dag van vandaag ben ik bezig met de het verder ontwikkelen van deze luidspreker", vertelt Wilson. Dat heeft geresulteerd in een nog beter product, maar met een navenant prijskaartje: inmiddels kost het "WAMM"-systeem circa 225.000 dollar.

THE BREAKTHROUGH

Wilson Audio's real breakthrough came with the WATT; a two-way loudspeaker that Dave Wilson had initially designed for himself to assist in his recording work, which wowed the audio world: never before had a compact loudspeaker sounded like that. In order to make the WATT suitable for large spaces, Wilson Audio developed the PUPPY, a subwoofer which serves as the base for the WATT. So far, several thousands of these sets have been sold, making the WATT/PUPPY into one of the most successful high-end loudspeakers in the world.

LA PERCÉE

La véritable percée de Wilson Audio a coïncidé avec la sortie de la 'WATT', une enceinte à deux voies que Dave Wilson avait conçue pour contrôler ses enregistrements, mais qui avait laissé pantelant le monde de l'audio : une enceinte compacte n'avait jamais offert une telle qualité sonore. Pour adapter également la 'WATT' à des environnements plus grands, Wilson Audio développa la 'PUPPY', un caisson de basse qui sert de socle à la 'WATT'. Quelques milliers de ces systèmes ont été vendus jusqu'à ce jour, ce qui fait du système 'WATT/PUPPY' l'un des systèmes d'enceintes haut de gamme les plus appréciés au monde.

DE DOORBRAAK

De echte doorbraak van Wilson Audio kwam met de WATT, een tweewegluidspreker die Dave Wilson in eerste instantie ontworpen had als opnamemonitor voor zichzelf, maar die de audiowereld met stomheid sloeg: zo had een compacte luidspreker nog nooit geklonken. Om de WATT ook geschikt te maken voor grote ruimten ontwikkelde Wilson Audio de PUPPY, een subwoofer die als voet dient waarop de WATT geplaatst kan worden. Enkele duizenden van deze sets hebben inmiddels een nieuw thuis gevonden. Het maakt de WATT/PUPPY tot een van de nieuwe succesvolle high-end luidsprekers ter wereld.

No compromises

Dave Wilson's loudspeakers carry a price tag based on their, often extremely expensive, production process. Most of the loudspeaker manufacturers use MDF to build the boxes. Wilson Audio does not. It had its own 'X material' developed which is a resin, as rigid as steel but with much greater internal damping. The cost of the material is fourteen times more than MDF and it requires immense craftsmanship to cut with nearly immeasurable tolerances. Still, Wilson's preference lies with this material due to its ability to optimally dampen resonance.

The cables connecting the drivers and crossovers within the loudspeakers are manually tightened to a precisely established number of turns per inch. An exceptionally accurate process that differs for every product, depending on the drivers, crossovers and speakers used. According to Wilson Audio, this is essential as the exact number of turns per inch influences the whole timing and coherence phase of the overall system. Regardless of the system's price, Wilson only uses top-quality cables, made from the same materials that are used in the best loudspeaker cables in the world.

And how about the aluminium ports that Wilson Audio uses for their loudspeakers, where other manufacturers nearly always opt for synthetic material? Naturally, they look great. But are they necessary, do they benefit the quality? Dave Wilson likes to turn the question around: "Should a Ferrari be equipped with vinyl seats?" This type of question is inevitable when it comes to the border line between art and commerce. Dave Wilson did not have to start a debate: extensive experiments and analyses of critical measuring data not only showed that aluminium ports look far better, but that they also improve the sound quality. As a result, Wilson Audio has regularly broken the limits of an 'acceptable price range' but is able to justify this as the performance of its products is equally as groundbreaking as its prices.

Sans aucun compromis

Les enceintes de Dave Wilson ont leur prix, mais ce prix est la conséquence du processus de production souvent très coûteux dont elles sont le produit. Wilson Audio, contrairement à la plupart des fabricants d'enceintes acoustiques, n'utilise pas du MDF pour la construction des caisses: l'entreprise a fait développer, à cette intention, son propre 'matériel X', composé de résines qui assurent une rigidité supérieure à celle de l'acier, tout en présentant l'avantage d'assurer un bien meilleur facteur d'assourdissement. Ce matériel coûte, il est vrai, quatorze fois plus cher que le MDF, exige un grand savoir-faire pour pouvoir, avec des tolérances presque incommensurables, être coupé, mais c'est lui qui a la préférence de Wilson, puisqu'il permet d'amortir, au mieux, les résonnances.

Les fils, également, qui relient les drivers et les crossovers à l'intérieur des caisses d'enceinte, sont tournés à la main jusqu'à un nombre exact de tours par pouce. C'est là un processus extrêmement précis qui varie par produit, en fonction des drivers, des crossovers et des speakers utilisés. Mais, selon Wilson Audio, le processus est essentiel, étant donné que le nombre exact de tours a une influence sur la cohérence de temps et de phase dans son ensemble. Indépendamment du prix du système, Wilson utilise, en fait, toujours, un câblage de la meilleure qualité possible, utilisant à cet effet les câbles d'enceinte les meilleurs du monde.

Et que dire des ports aluminium utilisés par Wilson Audio sur les enceintes, sachant que les autres fabricants utilisent, pratiquement tous, des ports en matière synthétique? Il est vrai que le résultat est fantastique à voir, mais ces ports sont-ils nécessaires, contribuent-t-ils à la qualité du produit? Dave Wilson préfère retourner la question: « Peut-on équiper une Ferrari de sièges en vinyle ? » A la frontière entre art et commerce, il est, naturellement, impossible d'éviter ce genre de questions. Mais Dave Wilson n'a pas besoin d'engager le débat : des expérimentations élargies et des analyses approfondies de données de mesure critiques ont montré que les ports en aluminium n'ont pas seulement une vocation esthétique, mais favorisent une meilleure qualité acoustique. En faisant ces choix, Wilson Audio a repoussé régulièrement les frontières de ce qui était le 'niveau de prix accepté', mais sans pour autant se disqualifier, puisque les prestations de ses produits repoussent, en proportion équivalente, les frontières de la qualité acoustique.

Zonder compromissen

Dave Wilsons luidsprekers dragen een prijskaartje dat volgt uit het vaak zeer kostbare productieproces dat die luidsprekers heeft voortgebracht. Zo maken de meeste luidsprekerfabrikanten gebruik van MDF voor het bouwen van de kasten. Wilson Audio niet. Het heeft een eigen "X-materiaal" laten ontwikkelen, samengesteld uit harsen die zorgen voor een stijfheid groter dan die van staal, maar met een veel betere dempingfactor. Het materiaal kost weliswaar veertien maal zoveel als MDF, en vergt groots vakmanschap om het met vrijwel onmeetbare toleranties te snijden, maar Wilson prefereert het toch vanwege het vermogen om resonanties optimaal te dempen.

Ook de draden die de drivers en de poorten binnenin de luidsprekerboxen verbinden zijn handmatig gedraaid tot een exact vastgesteld aantal slagen per inch. Een zeer nauwkeurig proces, dat per product verschilt, afhankelijk van de toegepaste drivers, poorten en speakers. Maar volgens Wilson Audio essentieel, omdat het exacte aantal slagen per inch invloed heeft op de uiteindelijke tijd en fase coherentie van het systeem in zijn geheel. Onafhankelijk van de prijs van het systeem gebruikt Wilson overigens altijd de allerhoogste kwaliteit bedrading, bestaande uit dezelfde materialen als 's werelds beste luidsprekerkabels.

En wat te denken van de aluminium poorten die Wilson Audio op zijn luidsprekers gebruikt, waar andere fabrikanten in vrijwel alle gevallen kiezen voor kunststof poorten? Natuurlijk, het oogt fantastisch. Maar zijn ze ook nodig, komen ze de kwaliteit ten goede? Dave Wilson draait de vraag liever om: "Mag je een Ferrari voorzien van vinylstoelen?" Dit soort vragen zijn natuurlijk onvermijdelijk in het raakvlak tussen kunst en commercie. Maar Dave Wilson hoefde de discussie niet aan te gaan: uitgebreide experimenten en analyses van kritische meetgegevens toonden aan dat de aluminium poorten niet alleen veel beter ogen, maar uiteindelijk ook de geluidskwaliteit ten goede komen. Door dit soort keuzes heeft Wilson Audio regelmatig de grenzen van een 'geaccepteerd prijsniveau' verlegd, maar het bedrijf komt ermee weg omdat de prestaties van zijn producten net zo grensverleggend zijn als de prijs.

TOP STUDIOS AND ENTHUSIASTS

Even though Wilson Audio's systems are well respected by top international studios, the majority of the products end up with particular studio enthusiasts and in the ultimate home cinemas affordable by a select few.

"Wilson Audio has long outgrown the garage and our company now employs approximately 50 staff. Our line-up of products now consists of a dozen of models. This does not include the traditional WAMM as we only build that model by request."

STUDIOS DE PREMIER PLAN ET AMATEURS

Si les systèmes de Wilson Audio sont tenus en grande estime par les studios internationaux les plus réputés, la plus grande partie de la production est absorbée par des amateurs de studios exigeants et par une clientèle pouvant se permettre le nec plus ultra en matière de home-cinéma.

« Entre-temps, le garage de Wilson Audio est devenu trop petit. Notre entreprise compte aujourd'hui quelque cinquante employés et notre gamme de produits une dizaine de modèles, et je ne compte pas le vénérable WAMM, que nous ne fabriquons plus que sur commande. »

TOPSTUDIO'S EN LIEFHEBBERS

Terwijl de systemen van Wilson Audio bij internationale topstudio's in hoog aanzien staan, komt het grootste deel van de productie toch terecht bij veeleisende studioliefhebbers en in de ultieme homecinema's die sommige mensen zich kunnen veroorloven.

"Inmiddels is Wilson Audio de garage natuurlijk al lang ontgroeid en telt ons bedrijf zo'n 50 werknemers. Ons gamma van producten bestaat nu een tiental modellen. En dan reken ik de aloude "WAMM" niet mee, want die bouwen we alleen op verzoek."

MONTEGRAPPA

Fine Lines of Elegance

In this age of keyboards, e-mail, twittering smart phones and disposable high-tech ballpoint pens, it is fair to ask: why use a fountain pen at all?
The answer is obvious to anyone who uses one, but for the uninitiated, let us look at Montegrappa, the oldest Italian manufacturer of fine writing instruments, and the perfect exemple of the craft of elegance in expression.

Les Lignes Fines de l'Élégance

A l'ère des claviers et des e-mails, des smartphones bipeurs et des stylos high-tech jetables, il est raisonnable de se poser la question:
pourquoi encore utiliser un stylo plume ? La réponse est évidente pour tout un chacun qui en utilise, mais pour les non-initiés, examinons un peu Montegrappa, la manufacture italienne la plus ancienne des instruments d'écriture raffinés et le parfait exemplaire d'un artisanat de l'élégance en expression.

Fijne, Elegante Lijnen

In dit tijdperk van toetsenborden, e-mail, twitterende smart phones en hoogtechnologische wegwerpbalpennen kan men terecht de vraag stellen: waarom zouden we nog een vulpen gebruiken? Het antwoord is vanzelfsprekend voor iedereen die er een gebruikt, maar voor de niet-ingewijden stellen we hier Montegrappa voor, de oudste Italiaanse fabrikant van fijn schrijfgerief, en het perfecte voorbeeld van de kunst van de elegante expressie.

www.montegrappa.com

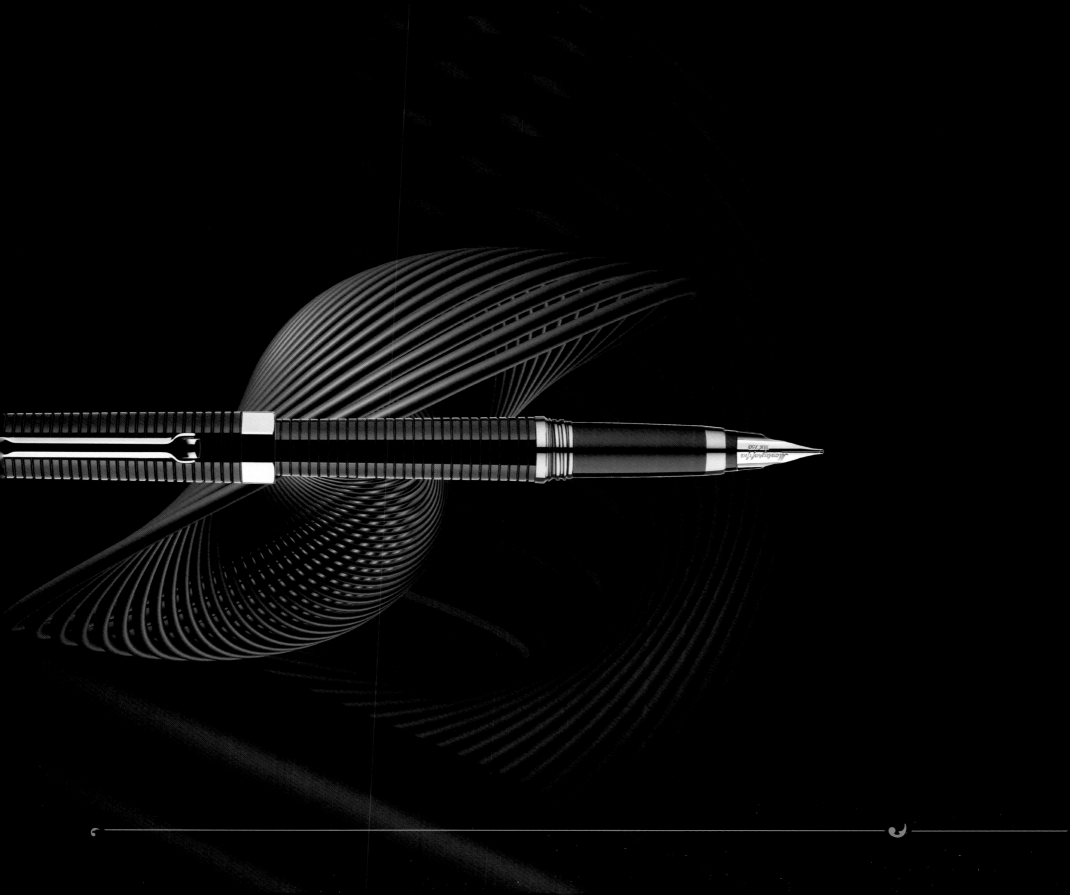

The earliest historical record of a reservoir pen is from 953 AD, when the caliph of Egypt demanded a writing instrument that would not stain his hands or clothes, and was provided with a pen that held ink in a reservoir and delivered it to the nib via gravity and capillary action.

In Europe, progress in developing a reliable pen was slow due to imperfect understanding of the role that air pressure played in their operation and because most inks were highly corrosive and full of sediment.

It was only after three key inventions were in place that the fountain pen became a widely popular writing instrument: the iridium-tipped gold nib, hard rubber, and free-flowing ink. The first fountain pens making use of all these key ingredients appeared in the 1850s, and by the 1880s the era of the mass-produced fountain pen had begun.

La toute première trace historique d'un porte-plume à réservoir remonte à 953 avant JC, lorsque le calife d'Egypte exigea qu'on lui réalise un instrument d'écriture qui ne tacherait ni ses mains ni ses vêtements, et qui reçut un stylo possédant un réservoir d'encre, où l'encre descendait dans la plume grâce à la gravité et à l'action de la capillarité.

En Europe, les progrès de développement d'un porte-plume fiable furent lents à cause de la mauvaise compréhension du rôle que la pression de l'air jouait dans l'opération mais aussi parce que la plupart des encres étaient très corrosives et pleines de dépôts.

Ce ne fut qu'après trois inventions clé que le porte-plume réservoir devint un instrument d'écriture très populaire : la plume en or à pointe d'iridium, le caoutchouc rigide et l'encre fluide. Les premiers porte-plumes utilisant tous ces composants clé sont apparus dans les années 1850, et l'ère de la production en masse des porte-plumes a commencé à partir des années 1880.

De vroegste historische vermelding van een vulpen dateert van 953 v. Chr., toen de kalief van Egypte een schrijfinstrument vroeg dat geen vlekken zou maken op zijn handen of kleren, en dat voorzien was van een pen die inkt vasthield in een reservoir en deze via de punt zou vrijgeven dankzij de zwaartekracht en de capillaire werking.

In Europa ging de ontwikkeling van een betrouwbare pen traag vooruit, doordat men niet goed begreep welke rol de luchtdruk speelde in de werking ervan en omdat de meeste inktsoorten zeer corrosief waren en veel bezinksel bevatten.

Het was pas na drie belangrijke uitvindingen dat de vulpen een wijd verspreid en populair schrijfinstrument werd: de gouden pen met iridiumpunt, hard rubber en vrij stromende inkt. De eerste vulpennen die gebruik maakten van al deze belangrijke ingrediënten, doken op rond 1850, en tegen 1880 werd het tijdperk van de massaal geproduceerde vulpen ingeluid.

Italian Design & Technique

Founded as Manifattura pennini d'oro e penne stilografiche ("Maker of gold nibs and fountain pens") in 1912, Montegrappa was the first Italian fountain pen maker, and its products are still manufactured in their original factory by the shores of the bank of the River Brenta, where it flows through one of the most picturesque areas of the historic town of Bassano del Grappa.

During the First World War Bassano was a centre of military operations. Among the many soldiers who used Montegrappa pens (then known as Elmo) to write letters home, there were also two celebrated American writers, Ernest Hemingway and John Dos Passos, who were both volunteer ambulance drivers at the front.

In the 30s the company enjoyed its most glorious period, when the fountain pen became widespread and the products of the house of Bassano were designed to meet public tastes with their sober design, variety of their colours and materials, the perfect operation of their technical solutions, and the originality and precision of their manufacturing techniques.

Une technique & un design italiens

Fondée sous le nom de 'Manifattura pennini d'oro e penne stilografiche' ('Manufacturier de plumes en or et de porte-plumes réservoir') en 1912, Montegrappa était la première manufacture italienne de porte-plumes, et ses produits sont toujours manufacturés dans l'usine originale sur les rives du fleuve Brenta, qui coule à travers l'un des sites les plus pittoresques de la ville historique de Bassano del Grappa.

Pendant la première guerre mondiale, Bassano était un centre d'opérations militaires. Parmi les nombreux soldats qui utilisaient les porte-plumes Montegrappa (connus alors sous le nom d'Elmo) pour écrire des lettres à leur famille, il y avait aussi deux écrivains américains célèbres, Ernest Hemingway et John Dos Passos, qui étaient tous deux ambulanciers volontaires sur le front.

Dans les années 30, la société profita de sa période la plus glorieuse, lorsque le porte-plume se généralisa et que les produits de la maison Bassano furent conçus pour répondre aux goûts du public avec leur design sobre, leur choix de couleurs et de matériaux, le fonctionnement parfait de leurs solutions techniques, ainsi que l'originalité et la précision de leurs techniques de production.

Italiaans ontwerp & vernuft

Het in 1912 als "Manifattura pennini d'oro e penne stilografiche" ("Fabrikant van gouden pennen en vulpennen") opgerichte Montegrappa was de eerste Italiaanse producent van vulpennen. De Montegrappa-producten worden nog steeds gemaakt in de oorspronkelijke fabriek aan de oevers van de Brenta-rivier, die langs de meest pittoreske delen van de historisch stad Bassano del Grappa stroomt.

Tijdens de Eerste Wereldoorlog was Bassano een centrum van militaire operaties. Onder de vele soldaten die pennen van Montegrappa gebruikten (toen gekend onder de naam Elmo) om brieven naar huis te schrijven, waren er ook twee beroemde Amerikaanse schrijvers, Ernest Hemingway en John Dos Passos, beide vrijwillige ambulanciers aan het front.

In de jaren 30, toen de vulpen wijd verspreid raakte, beleefde het huis van Bassano zijn meest glorierijke periode. Met hun sobere design, hun uitgebreide kleurenpallet en materialengamma, de perfecte werking van hun technische oplossingen en de originaliteit en nauwkeurigheid van hun fabricagetechnieken beantwoordden de producten van dit bedrijf volledig aan de smaak van het grote publiek.

Striving for Beauty

Today, Montegrappa's pens are reserved for those who recognise – who need – the emotions inspired by the feel of a crafted writing instrument between their fingers, responding to their delicate movements. As they guide the Montegrappa pen across the paper, the eye follows the ink as it seeps in; heart, mind and hand united in the process of expression.   In the land known for drama and love, where writers especially have come to get a taste of romance, no object is too small or too practical not to strive for beauty. Whether it be the colours reminiscent of the master painters or the ornaments of Baroque palaces, it is all part of Montegrappa's Italian heritage.

As well as its limited editions, freely inspired by great moments of history and ancient passions, Montegrappa produces a regular range, for those who want to indulge in a daily luxury. Both ranges preserve the company's characteristic craftsmanship of the highest level, creating exclusive pens that express the succession of emotions over time through the thread of writing, letter by elegant letter.

Some Montegrappa pens have pedigrees dating back centuries; some celebrate the memories of the people who wrote with them. Other pens embrace the kind of craftsmanship that has been in their families for generations. All of them inspire a sense of style that is grounded in ages of tradition.

A la recherche de la beauté

Aujourd'hui, les stylos Montegrappa sont réservés à ceux qui reconnaissent – qui ont besoin - les émotions inspirées par le toucher d'un instrument d'écriture fabriqué à la main entre leurs doigts, répondant à leurs mouvements délicats. Alors qu'ils guident le stylo Montegrappa sur la feuille de papier, l'œil suit l'encre alors qu'elle est absorbée ; le cœur, l'esprit et la main sont alors unis dans le processus de l'expression. Dans un pays connu pour le drame et l'amour, où les écrivains sont venus tout spécialement pour goûter à la romance, aucun objet n'est trop petit ni trop pratique pour la recherche de la beauté. Que ce soit la réminiscence des couleurs des maîtres de la peinture ou les décorations des palaces baroques, tout fait partie de l'héritage italien de Montegrappa.

Tout comme pour ses éditions limitées, librement inspirées des grands moments de l'histoire et d'anciennes passions, Montegrappa fabrique une gamme standard, pour ceux qui souhaitent se faire plaisir par le luxe au quotidien. Les deux gammes préservent les caractéristiques du savoir-faire du plus haut niveau de la société, créant des stylos exclusifs qui expriment la succession des émotions dans le temps par le fil de l'écriture, lettre après lettre, tout en élégance.

Certains stylos Montegrappa ont des pedigrees qui remontent à des siècles en arrière ; certains célèbrent la mémoire des personnalités ayant écrit avec. D'autres stylos encore enlacent le type de savoir-faire qui a été dans leurs familles depuis des générations. Tous inspirent un sens de style qui a été fondé sur des siècles de tradition.

Streven naar schoonheid

Vandaag zijn de pennen van Montegrappa voorbehouden aan diegenen die de emotie erkennen – nodig hebben – die voortvloeit uit het gevoel van een handgemaakt schrijfinstrument tussen hun vingers, dat reageert op hun subtiele bewegingen. Terwijl ze de pen van Montegrappa over het papier laten glijden, volgen hun ogen de inkt die eruit vloeit; hart, geest en hand verenigd in het proces van de expressie. In een land dat bekend is voor drama en liefde, waar schrijvers speciaal naartoe kwamen om wat romantiek op te snuiven, is geen voorwerp te klein of te praktisch om niet naar schoonheid te streven. Zowel de kleuren die doen denken aan de meester-schilders, als de ornamenten in barokke paleizen, het maakt allemaal deel uit van het Italiaanse erfgoed waar Montegrappa inspiratie uit put.

Naast zijn gelimiteerde series, die vrij geïnspireerd zijn op grote momenten uit de geschiedenis en eeuwenoude passies, produceert Montegrappa een eenvoudiger gamma, voor diegenen die dagelijks willen genieten van een stukje luxe. Beide gamma's weerspiegelen het kenmerkende vakmanschap op het hoogste niveau van een bedrijf dat exclusieve pennen creëert, die de opeenvolging van emoties uitdrukken in de tijd, letter na letter, handgeschreven en elegant.

Sommige pennen van Montegrappa hebben stambomen die eeuwen teruggaan, andere dragen de herinneringen in zich van de mensen die ermee hebben geschreven. Andere pennen worden gekoesterd om het vakmanschap dat al generaties lang in een bepaalde familie is.

Allemaal zijn ze de exponenten van een gevoel voor stijl dat gebaseerd is op een eeuwenlange traditie.

ELEGANCE BEATS CONVENIENCE

By the 1960s, refinements in ballpoint pen production gradually ensured its dominance over the fountain pen for casual use. It is assumed in this throwaway, digital world that the fountain pen survives only as a collectible item, status symbol or a work of art rather than an everyday writing tool.

Yet most modern fountain pen users use them as their primary writing instruments, for their effortless writing and comfort (some sufferers of arthritis unable to use ballpoints can use fountain pens), expressive penmanship and calligraphy, and in Montegrappa's case, their aesthetics, history and heritage.

There is also the inescapable fact that Montegrappa pens retain a sense of timeless elegance, personalization and sentimentality that computers and ballpoint pens lack; many users report that once they start using fountain pens, ballpoints become awkward to use due to the extra motor effort needed and lack of expressiveness.

A Montegrappa will last a lifetime, becoming an integral part of the user's personality and self-expression, whereas most ballpoints and all of their refills are disposable.

L'ÉLÉGANCE PREND LE DESSUS SUR LE CÔTÉ PRATIQUE

Dans les années 60, les raffinements dans la fabrication de stylos démontrèrent de façon progressive leur domination sur les porte-plumes pour à usage informelle. On suppose dans ce monde numérique jetable que le porte-plume a seulement survécu comme un article de collection, un symbole de statut ou une oeuvre d'art plutôt qu'un outil d'écriture au quotidien.

Pourtant les utilisateurs de porte-plumes les plus modernes les utilisent comme leurs instruments d'écriture premiers, pour leur facilité d'écriture et leur confort (certaines personnes souffrant d'arthrite ne peuvent utiliser des stylos mais bien des porte-plumes), leur calligraphie expressive, et dans le cas de Montegrappa, pour leur esthétique, leur histoire et leur héritage.

Il y a aussi le fait indéniable que les stylos Montegrappa entretiennent un sens d'une élégance éternelle, de la personnalisation et de la sentimentalité dont les ordinateurs et les stylos à bille manquent ; de nombreux utilisateurs racontent qu'une fois familiarisé avec le porte-plume, les stylos à bille deviennent difficiles à utiliser suite à l'effort supplémentaire motorisé nécessaire et leur manque d'expressivité.

Un Montegrappa durera toute une vie, faisant corps avec la personnalité de l'utilisateur de son expression propre, alors que la plupart des stylos à bille et de toutes leurs cartouches sont jetables.

ELEGANTIE WINT HET VAN GEBRUIKSGEMAK

Sinds de jaren 60 kreeg de verfijning in de productie van balpennen stilaan het overwicht op de vulpen voor dagelijks gebruik. Er wordt verondersteld dat in deze digitale wegwerpwereld de vulpen enkel overleeft als een verzamelobject, statussymbool of kunstwerk eerder dan als dagelijks schrijfgerief.

De meeste moderne vulpenliefhebbers gebruiken ze echter als hun belangrijkste schrijfinstrument, voor een moeiteloze schrijfstijl en voor het comfort (sommige artritislijders die geen balpen kunnen gebruiken, kunnen wel schrijven met een vulpen), voor hun expressieve pennenvruchten en kalligrafie, en in het geval van Montegrappa, voor hun esthetische kant, hun geschiedenis en het erfgoed dat erachter zit.

Er is ook het onontkoombare feit dat de pennen van Montegrappa een soort tijdloze elegantie, persoonlijkheid en sentimentaliteit uitstralen die computers en balpennen niet hebben; veel gebruikers zeggen dat eens ze een vulpen begonnen te gebruiken, balpennen vreemd leken om mee te schrijven omwille van de extra bewegingsinspanning die vereist is en het gebrek aan expressiviteit.

Een Montegrappa gaat een leven lang mee, wordt integraal deel van de persoonlijkheid van de gebruiker en zijn of haar zelfexpressie, terwijl de meeste balpennen en hun navullingen wegwerpmateriaal zijn.

Golden Heritage of Craft

All this heritage, art and craft comes together in Montegrappa's home town, located in the north-eastern Italian district centred around Vicenza. This UNESCO World Heritage city bursting with Palladian architecture is one of the most ancient and prestigious areas for the goldsmith's tradition, and the region is also famous for its jewellery and musical instruments.
This local craft heritage provides a deep pool of inspiration and skill that Montegrappa has been able to dip into since its foundation. Various time-consuming artisanal techniques are used in the production of the Montegrappa ranges, including deep drawing, the refined arts of low relief engraving and hand etching. Die-casting is another ancient technique used, developed for jewellery in the 5th century and in the intervening years little changed.
Others include enamel, a vitreous substance used since the 6th century B.C. in gold- and silversmith's crafts appreciated for its colour range and excellent conservation, and cold enamelling, used in jewellery and to decorate watch dials, that has been refined over the years using the catalysing properties of various polymers.

L'héritage doré de l'artisanat

Tous ces héritages, d'art et d'artisanat se retrouvent dans la ville de résidence de Montegrappa, située dans la région Nord-Est de l'Italie autour de Vicenza. Cette ville, faisant partie du patrimoine mondial de l'UNESCO riche d'architecture palladienne, est l'un des sites les plus anciens et les plus prestigieux de la tradition des orfèvres. La région est reputée pour sa joaillerie et ses instruments de musique.
Cet héritage d'artisanat local offre une source profonde d'inspiration et de savoir-faire dans laquelle Montegrappa a su puiser depuis sa fondation. Des techniques artisanales variées nécessitant du temps sont utilisées dans la fabrication des gammes Montegrappa, comprenant l'emboutissage, les arts raffinés de l'art de la gravure à bas relief et de la gravure à l'eau-forte. Le moulage en coquille est une autre ancienne technique utilisée, développée pour la joaillerie au 5ème siècle et ayant peu changé au cours des années.
D'autres utilisent l'émail, une substance vitrifiée, utilisée depuis le 6ème siècle avant J.C. dans l'orfèvrerie et l'argenterie, appréciée pour sa gamme de coloris et son excellente conservation, ainsi que l'émaillage à froid, utilisé en joaillerie et pour décorer les cadrans de montre qui a été perfectionné au cours des années utilisant les propriétés de catalyse de différents polymères.

Gouden erfgoed van vakmanschap

Al deze elementen uit erfgoed, kunst en ambacht komt samen in de thuisstad van Montegrappa, gelegen in de noordoostelijke Italiaanse provincie Vicenza. Deze stad vol architectuur van Palladio, die tot het Werelderfgoed van de UNESCO behoort, is één van de oudste en meest prestigieuze regio's voor de goudsmidtraditie en de streek is bovendien beroemd om haar juwelen en muziekinstrumenten.
Dit lokale ambachterfgoed biedt een rijke bron van inspiratie en vaardigheden waar Montegrappa sinds zijn oprichting uit van heeft kunnen profiteren. Vele tijdrovende artisanale technieken worden gebruikt in de productie van de Montegrappa-series, waaronder het dieptrekken, de geraffineerde kunst van de reliëfgravure en het etsen met de hand. Spuitgieten is een andere oude gebruikte techniek, die werd ontwikkeld voor juwelen in de vijfde eeuw en die ondertussen weinig veranderd is.
Er wordt ook gewerkt met email, een glasachtige substantie die wordt gebruikt sinds de zesde eeuw v. Ch. in goud- en zilversmidambachten en die gewaardeerd wordt om haar kleurschakeringen en uitstekende duurzaamheid. Met name koude email wordt gebruikt in juwelen en om wijzerplaten te versieren, en werd door de jaren heen verfijnd door gebruik te maken van de katalyserende eigenschappen van diverse polymeren.

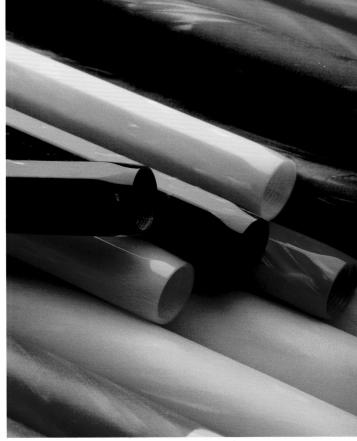

Quality and Finish

Quality control is paramount throughout the production process, beginning with establishing whether the raw materials used to manufacture the various components correspond precisely to Montegrappa's specifications, and carried on throughout the production process.

The final step in each pen's creation is the traditional brush polished finish, done entirely by hand with the help of rotating brushes of different hardness and abrasive pastes, resulting in perfectly glossy surfaces called a specchio.
So, cheap landfill, or expression of the soul? There are times in the life of any person of taste when only the latter is acceptable.

La qualité et la finition

Le contrôle de qualité est capital tout au long du processus de production, en commençant par le fait de savoir si les matériaux bruts utilisés dans la manufacture des différents composants correspondent précisément aux spécifications de Montegrappa, puis ce contrôle est effectué à chaque étape du processus de production.

L'étape finale de chacune des créations de stylo est la finition de polissage traditionnel à la brosse, entièrement fait à la main à l'aide de brosses rotatives de différentes duretés et de pâtes abrasives, avec pour résultat des surfaces parfaitement brillantes appelées 'a specchio'. En conclusion un article jetable ou une expression de l'âme? Il y a des moments dans la vie d'un épicurien où seule la seconde est acceptable.

Kwaliteit en afwerking

Kwaliteitscontrole is overal in het productieproces aanwezig, beginnend bij het vaststellen of de grondstoffen die worden gebruikt om de diverse componenten te maken, precies overeenstemmen met de specificaties van Montegrappa, en dit kan worden doorgetrokken gedurende het verdere productieproces.

De laatste stap in de creatie van elke pen is de traditionele met de borstel gepolijste afwerking, die volledig met de hand gebeurt, met behulp van draaiende borstels van diverse hardheid en een schuurpasta, wat een perfect glanzend oppervlak oplevert dat een "specchio" wordt genoemd.
Dus, goedkope rommel of ware expressie van de ziel? Er zijn tijden in het leven van elke persoon met smaak dat enkel het laatste nog aanvaardbaar is.

De Bondt
Cioccolato Originale

The Art of Tasting

Together with his wife Cecilia, Paul de Bondt artistically processes chocolate and does more than simply pleasing the palate of the chocolate aficionados.

De Bondt Cioccolato Originale was established in 1993, near Pisa, Italy. The company extraordinarily merges passion, vision, creativity, perfectionism and enthusiasm. After his training as a chef, Dutch born Paul worked in front-ranking hotels around Europe, whilst Italian born Cecilia studied design at the Academia Bella Arti in Carrara. It was Paul's curiosity that guided him to Italy, where he met Cecilia, the love of his life. Together, they created an opportunity to further develop their other passions: cooking and designing.

L'art de la Dégustation

Avec sa femme Cecilia, Paul de Bondt transforme le chocolat d'une manière artistique et fait ainsi bien plus que de charmer le palais des amateurs du chocolat.

De Bondt Cioccolato Originale, située près de Pise en Italie, a vu le jour en 1993. L'entreprise est une fusion extraordinaire de passion, de vision, de créativité, de perfectionnisme et d'enthousiasme. Paul, néerlandais, travaillait dans les hôtels célèbres en Europe après avoir terminé sa formation de cuisinier alors que Cecilia, italienne, étudiait le stylisme à l'Académie des Beaux Arts de Carrare. La curiosité de Paul l'a transporté en Italie où il a rencontré Cecilia, l'amour de sa vie. Ensemble, ils ont développé la possibilité de réaliser leurs autres passions: la cuisine et la création.

De Kunst van het Proeven

Samen met zijn vrouw Cecilia verwerkt Paul de Bondt op artistieke wijze chocola en bezorgt daarmee chocoaholics meer dan alleen tintelingen op de tong.

De Bondt Cioccolato Originale, gevestigd nabij Pisa in Italië, zag in 1993 het levenslicht. Het bedrijf is een bijzondere samensmelting van passie, visie, creativiteit, perfectionisme en gedrevenheid. De Nederlandse Paul werkte na zijn opleiding als kok in vooraanstaande hotels door Europa, terwijl de Italiaanse Cecilia vormgeving studeerde aan de Academia Bella Arti in Carrara. De nieuwsgierigheid van Paul voerde hem naar Italië en bracht hem in contact met Cecilia, de liefde van zijn leven. Gezamenlijk ontwikkelden zij de mogelijkheid om hun andere liefdes nader te ontplooien: koken en ontwerpen.

www.debondt.it

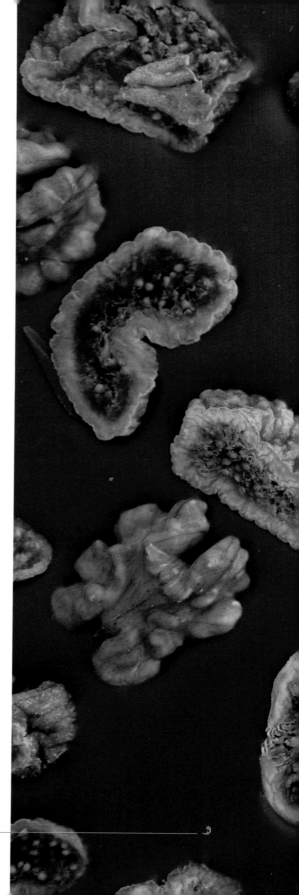

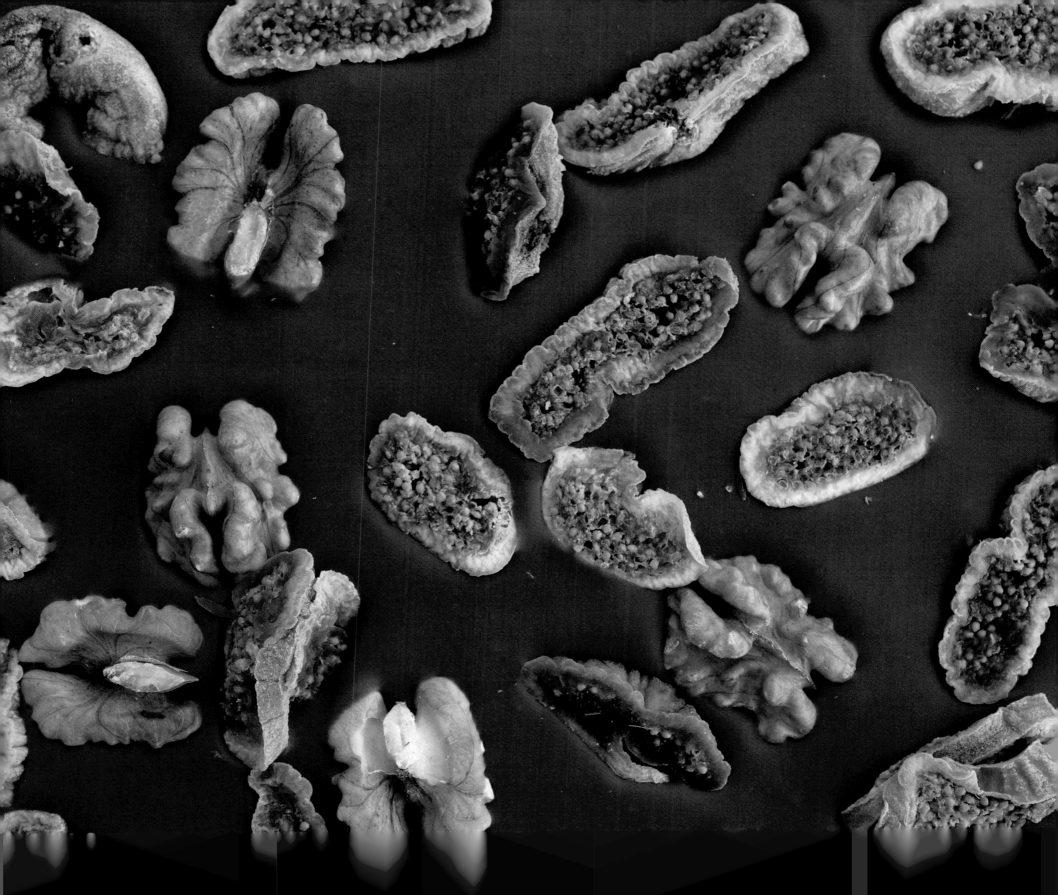

Paul and Cecilia were the first to introduce chocolate as a pure form of art in the country of refinement: "Fifteen years ago, chocolate was still virgin territory. Chocolate was mainly used by pastry cooks and we noticed the many options still available. We wondered: how can we make a difference? We steered away from the traditional methods and played around with aromas and flavours, and combined chocolate with for example, (dried) fruit. Rather than mixing fruit and chocolate, we placed the fruit on top of the chocolate. Aside from an exceptional experience to the palate, it also provided an aesthetic value to the product."

Paul et Cecilia ont été les premiers à lancer le chocolat sous une forme artistique pure au pays du raffinement: « Il y a quinze ans, le chocolat était encore un terrain vierge. C'était surtout les pâtissiers qui travaillaient le chocolat et nous avons remarqué qu'il y avait encore plein de possibilités. Nous nous sommes demandés: comment approcher le chocolat d'une autre façon? Nous avons mis la méthode de travail traditionnelle de côté et nous avons commencé à jouer avec les arômes et les goûts en combinant le chocolat avec des fruits (secs) par exemple. Au lieu de mélanger le fruit et le chocolat, nous placions le fruit sur le chocolat. Ceci a donné une expérience gustative unique ainsi qu'une valeur esthétique au produit. »

Paul en Cecilia waren de eersten die chocola als pure kunstvorm introduceerden in het land der verfijning: "Chocola was vijftien jaar geleden nog een onontgonnen terrein. Chocola werd vooral door banketbakkers verwerkt en we merkten dat er nog heel veel mogelijk was. We vroegen ons af: hoe kunnen we het anders benaderen? We weerden de traditionele werkwijze en begonnen te spelen met aroma's en smaken en combineerden chocola met bijvoorbeeld (gedroogd) fruit. In plaats van fruit en chocola te vermengen plaatsten wij het fruit bovenop de chocola. Dit gaf naast een bijzondere smaakbeleving tevens een esthetische waarde aan het product."

HANDMADE ART

De Bondt products are always finished off by hand. Moulds are individually designed and the ingredients are cut by hand. The fluid substances are hand-poured in the different moulds and the ingredients are manually placed one by one on the thin layer of chocolate. A bar containing nuts and pieces of fruit is not the result of a clever machine, but a masterpiece of passionate craftsmen. Furthermore, there is no production line when wrapping the chocolate. Easter eggs, for example, are individually and manually wrapped in foil.
A special technique that Paul applies in his chocolate workshop is squirting chocolate using an air pistol. Under high pressure, he squirts the chocolate with a fine jet onto a mould or on another piece of chocolate, creating a personally designed pattern. The result is a representation similar to the surreal lining on the canvas of an artist.

DE L'ART FAIT À LA MAIN

La finition des produits De Bondt se fait toujours à la main. Ils conçoivent les moules eux-mêmes et ils coupent tous les ingrédients à la main. La substance liquide est manuellement versée dans des différents moules, ensuite les ingrédients sont répartis à la main, un par un, sur le lit de chocolat. Une barre avec des noix et des morceaux de fruits n'est pas le résultat d'une machine ingénieuse, mais l'œuvre d'art d'artisans passionnés. Emballer les produits ce n'est pas non plus du travail à la chaîne. Les oeufs de Pâques, par exemple, sont emballés en feuille à la main.
Une technique spéciale que Paul utilise dans son atelier de chocolatier est l'application du chocolat avec un pistolet à air comprimé. Le chocolat est appliqué en jets fins sur un moule – ou sur un autre morceau de chocolat – et Paul crée ainsi des modèles comme bon lui semble. Le résultat est une représentation qui ressemble fortement à un jeu de lignes surréaliste sur la toile d'un peintre.

HANDGEMAAKTE KUNST

De afwerking van De Bondt-producten gebeurt altijd handmatig. Gietvormen worden eigenhandig ontworpen en ingrediënten worden met de hand gesneden. De vloeibare substantie wordt handmatig gegoten in de verschillende gietvormen, waarna de ingrediënten stuk voor stuk met de hand verdeeld worden op het bedje van chocola. Een reep met noten en stukjes fruit is geen resultaat van een handige machine, maar het kunstwerk van gepassioneerde ambachtslieden. Ook komt er ook geen lopende band aan te pas bij het verpakken. Paaseieren bijvoorbeeld worden een voor een handmatig in folie gewikkeld.
Een bijzondere techniek die Paul in zijn chocolade-atelier gebruikt is het spuiten van chocola met een luchtdrukpistool. Chocola wordt met hoge druk in fijne straaltjes gespoten op een gietvorm – of op een ander stuk chocola – en Paul creëert geheel naar eigen inzicht een patroon. Het resultaat is een voorstelling die sterke gelijkenissen vertoont met het surrealistische lijnenspel op het canvas van een kunstschilder.

TRIO

Chocolate is made from cacao beans. Only 1 to 2% of the world production consists of the best type of cacao beans, which comprises of three main types: Criollo, Forastero and - the hybrid of the afore mentioned two types - Trinitario. 80 percent of the world production consists of Forastero which is the bitter equivalent of Criollo. Aside from bean types, refining, conching and tempering are important factors in the production of chocolate.

Refining involves grinding all parts in the liquid chocolate, ensuring a smooth substance. During the conching process, the heated liquid chocolate is powerfully stirred in order to smoothen uneven parts. Minuscule cacao and sugar particles are produced, smaller than the tongue can detect. Conching forms a layer of cocoa butter around all uneven substances. High-quality chocolate is conched for approximately 72 to 78 hours and subsequently stored in tanks heated to 45 - 50 °C. The final process of the chocolate production is called tempering and is performed both manually and mechanically. During this process, the crystallisation of cocoa butter results in crystals of varying shapes and sizes. The aim of tempering is to enable only the best shapes of cocoa butter to form.

Exclusively relying on the reputation of the best beans is not enough for De Bondt: "The flavour is the most important factor. When we buy new chocolate, the process lasts a month. Taste one day, let it rest the next day, then try again and let it rest again, etc." De Bondt considers processing chocolate to be a creative and analytical process. It is by definition a scientific approach of taste combined with the typical simplicity of the Italian kitchen: "Developing a new product takes months. It is a continuous process of searching and discovering different combinations of flavour. For example, cru milk chocolate mixed with dark chocolate and salt is an unusual combination, however, it does work! Cecilia and I create combinations of new flavours using a limited number of ingredients. It is the method that is used to produce the product that gives it a unique flavour."

TRIO

A la base du chocolat, il y a les fèves de cacao. Seulement 1 à 2% de la production mondiale est composée du meilleur type de fève de cacao et consiste en trois catégories principales: 'Criollo', 'Forastero' et – la variante hybride des deux types mentionnés auparavant – 'Trinitario'. 'Forastero' couvre quatre-vingts pour cent de la production mondiale et ce type est un pendant amer du 'Criollo'. En plus des types de fèves, le raffinage, le conchage et le tempérage jouent des rôles importants dans la transformation du chocolat.

Le raffinage est la pulvérisation de toutes les particules du chocolat liquide et donne une substance lisse. Le conchage signifie que le chocolat liquide chauffé est mélangé vigoureusement afin de détacher les substances solides. Pendant ce processus, de minuscules particules de cacao et de sucre sont produites que la langue ne reconnaît pas. Le conchage permet qu'une couche de beurre de cacao se forme autour de tous les ingrédients solides. Du chocolat de haute qualité subit en moyenne 72 à 78 heures de conchage et il est ensuite gardé dans les réservoirs chauffés entre 45 et 50 °C. Le tempérage – à la main tout comme avec une machine – est la dernière partie du processus de transformation afin de pouvoir obtenir enfin, du chocolat. Pendant ce processus, des cristaux de beurre de cacao se forment de différentes formes et dimensions. Le but du tempérage est de veiller à ce que seules les meilleures formes de beurre de cacao se forment.

Faire uniquement confiance à la réputation des meilleures fèves ne suffit pas pour De Bondt: « Tout dépend du goût. La dégustation dure un mois quand nous achetons du nouveau chocolat. Un jour de dégustation, laisser reposer, déguster encore et laisser reposer, etc. » La transformation du chocolat est un processus créatif et analytique chez De Bondt. Par définition, c'est une approche scientifique du goût avec la simplicité typique de la cuisine italienne: « Développer un nouveau produit prend des mois. C'est un processus continu de recherche et de découverte des combinaisons gustatives. Le chocolat au lait d'un cru mélangé avec du chocolat noir et du sel est, par exemple, une combinaison particulière mais qui correspond tout à fait! Cecilia et moi, nous créons des combinaisons de nouveaux goûts avec un nombre limité d'ingrédients. La sensation gustative spéciale vient justement de la méthode de production. »

TRIO

De basis van chocola vindt zijn oorsprong in cacaobonen. Slechts 1% á 2% van de wereldproductie bestaat uit het de beste type cacaobonen en valt uiteen in drie hoofdsoorten: "Criollo", "Forastero" en – de hybride variant van eerdergenoemde twee soorten – "Trinitario". "Forastero" omvat 80 procent van de wereldproductie en is de bittere tegenhanger van "Criollo". Naast boonsoorten spelen verfijnen, concheren en temperen belangrijke rollen in het verwerken van chocola.

Verfijnen is het fijnmalen van alle deeltjes in het vloeibare chocola en zorgt voor een gladde substantie. Concheren is het krachtig roeren van verwarmde vloeibare chocola waarbij vaste bestandsdelen worden losgemaakt. Tijdens dit onderdeel worden uiterst minuscule cacao- en suikerdeeltjes geproduceerd die de tong niet herkent.

Concheren zorgt ervoor dat er een laag cacaoboter om alle vaste bestandsdelen heen ontstaat. Hoogstaande chocola ondergaat gemiddeld 72-78 uur concheren waarna het in verwarmde tanks van tussen 45 - 50 °C wordt opgeslagen.

Temperen – zowel handmatig als machinaal – is het laatste onderdeel van het verwerkingsproces om uiteindelijk chocola te kunnen maken. Tijdens dit proces ontstaan kristallen van cacaoboter in verschillende vormen en maten. Het doel van temperen is ervoor zorgen dat uitsluitend de beste vormen van cacaoboter ontstaan.

Uitsluitend vertrouwen op de reputatie van de beste bonen is niet voldoende voor De Bondt: "Alles draait om smaak. Als we nieuwe chocola inkopen duurt het proeven een maand. Een dag proeven, dan weer laten rusten, vervolgens weer proeven en weer laten rusten enzovoort." Bij De Bondt is het verwerken van chocola een creatief en analytisch proces. Het is per definitie een wetenschappelijke benadering van smaak met de typische eenvoud van de Italiaanse keuken: "Het ontwikkelen van een nieuw product duurt maanden. Het is een continu proces om het zoeken en ontdekken van smaakcombinaties. Melkchocola van een cru gemengd met pure chocola en zout is bijvoorbeeld een aparte combinatie maar wel een die klopt! Cecilia en ik maken combinaties van nieuwe smaken met een beperkt aantal ingrediënten. Juist de wijze waarop het product geconstrueerd is geeft een bijzondere smaaksensatie."

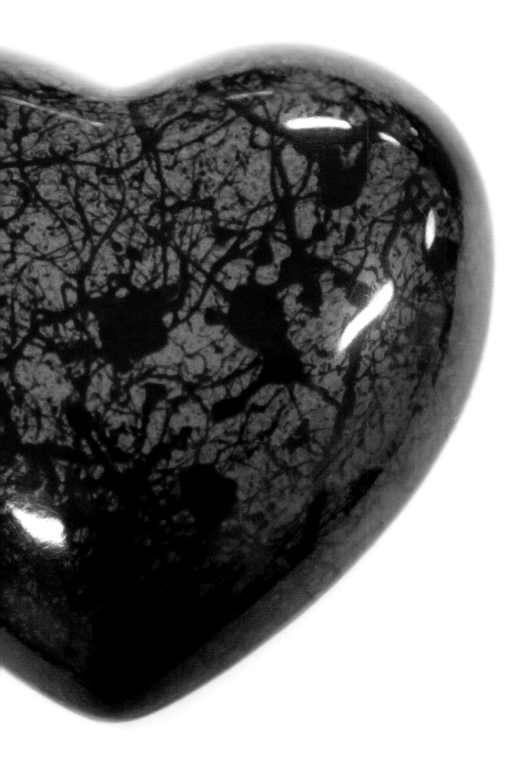

SENSUAL

Paul and Cecilia are an authority on chocolate and their creations are respected to the extent that many a chef and designer can only dream of.
De Bondt Cioccolato ranks in the top 15 of best chocolate makers in the world in the prestigious guide 'The Chocolate Companion' by Chantal Coady. Paul lectures at the University of Gastronomical Science in Pollenzo, Piemonte. Furthermore, they have won one of the most important chocolate prizes in the world: the Eurochocolate Award, given at the chocolate festival with the same name that annually takes place in Perugia.
The story of chocolate is too long to be summarised in a short story; perhaps even an entire book would be insufficient. Ultimately, it is the flavour that is important to the consumer.
Paul: "Many people have a bite and it is gone. They do not take the time to truly taste and enjoy the many aromas. You have to chew on a small piece and let it melt on your tongue. Only then, you are able to taste the real flavour. The sensual aspect of chocolate is the way it melts in your mouth!"

SENSUEL

Paul et Cecilia forment une autorité dans le monde du chocolat et leurs créations ont gagné un niveau de respect dont beaucoup de cuisiniers et de créateurs peuvent seulement rêver. De Bondt Cioccolato se trouve dans le top 15 des meilleurs chocolatiers du monde du guide prestigieux « The Chocolate Companion » écrit par Chantal Coady, et Paul enseigne à l'Université des Sciences Gastronomiques à Pollenzo, Piémont. En outre, ils ont gagné un des prix les plus importants dans le monde du chocolat: l'Eurochocolate, le festival du chocolat qui a lieu tous les ans, à Pérouse.
L'histoire du chocolat est donc d'une ampleur qui ne peut pas se résumer en une anecdote: tout un livre serait peut-être même insuffisant. Mais pour le consommateur, le plus important est finalement la sensation gustative.
Paul: « Beaucoup de gens avalent et puis c'est tout. Ils ne prennent pas le temps de vraiment déguster et de savourer tous les arômes. Il faut mâcher un petit morceau et ensuite le laisser fondre sur la langue. Là, il y a le vrai goût qui ressort. La sensualité du chocolat dépend en effet de la façon dont il fond dans la bouche ! »

SENSUEEL

Paul en Cecilia vormen een autoriteit binnen wereld van de chocola en hun creaties genieten een mate van respect waar menig kok en designer slechts van kan dromen. De Bondt Cioccolato werd geschaard bij de top 15 van beste chocolatiers ter wereld in de prestigieuze gids "The Chocolate Companion" door Chantal Coady en Paul doceert aan de Universiteit van Gastronomische Wetenschap in Pollenzo, Piemonte. Tevens wonnen zij een van de belangrijkste chocoladeprijzen ter wereld: de Eurochocolate Award, die uitgereikt wordt op het gelijknamige chocoladefestival dat elk jaar in Perugia wordt gehouden.
Het verhaal van chocola is er een met een omvang dat niet valt samen te vatten; misschien zou zelfs een heel boek ontoereikend zijn. Maar voor de consument draait het uiteindelijk natuurlijk om de smaaksensatie.
Paul: "Veel mensen nemen een hap en het is weg. Ze nemen de tijd niet om het echt te proeven en genieten niet van de vele aroma's. Je moet een klein stukje kauwen en het vervolgens op je tong laten smelten. Pas dan proef je de smaak écht. Het sensuele van chocola is namelijk hoe het in de mond smelt!"

TRIKEENAN TILEWORKS

From Moped to Barn to International Acclaim

Trikeenan Tileworks has a clear goal when it comes to creating artisan tile: to transform everyday rooms into vibrant living spaces. Guided by a philosophy of simplicity, a reverence for craftsmanship and a refreshing sense of design, Trikeenan produces some of the most striking and original tile designs, shapes, and colours seen in commercial and residential construction.

But despite countless accolades and awards, two factories, and distribution throughout the US, Japan and the UK, Trikeenan began, like so many luxury products, with two people's simple desire to create something beautiful.

D'abord Remisé au Grenier et Aujourd'hui Acclamé Internationalement

Trikeenan Tileworks a un objectif bien défini en ce qui concerne la création du carrelage artisanal: transformer les pièces de tous les jours en des espaces vibrants de vie. Guidé par la philosophie de la simplicité, un respect pour l'artisanat et un sens rafraîchissant du design, Trikeenan fabrique certains des carrelages les plus frappants et originaux en terme de design, de formes et de couleur que l'on peut voir dans les constructions commerciales et résidentielles.

Mais malgré d'innombrables décorations et de récompenses, deux usines et une distribution aux USA, au Japon et au Royaume-Uni, Trikeenan a débuté, comme tellement de produits de luxe, avec le simple souhait de deux personnes de créer quelque chose de beau.

Van Brommer tot Schuur tot Internationale Erkenning

Het tegelbedrijf Trikeenan heeft een duidelijk doel voor ogen als het gaat om het creëren van een ambachtelijke tegel: gewone vertrekken omtoveren tot kleurrijke leefruimtes. Vanuit een filosofie van eenvoud, respect voor vakmanschap en een frisse kijk op design, produceert Trikeenan een aantal van de meest opvallende en originele ontwerpen, vormen en kleuren van tegels die te zien zijn in commerciële en residentiële gebouwen.

Ondanks de talloze lofbetuigingen en prijzen, twee fabrieken en distributiehuizen in de V.S., Japan en het V.K., begon Trikeenan, zoals zovele luxeproducten, met het verlangen van twee mensen om gewoon iets moois te creëren.

www.trikeenan.com

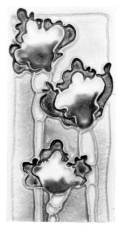

The company was founded in 1990 by Kristin and Stephen Powers, both graduates of the Rhode Island School of Design, one of America's most prestigious universities for the arts. The couple met at RISD; Stephen was a printmaking student, while Kristin studied ceramics. It is perhaps this unique combination of artistic perspectives that has led to the simple, clean lines found in Trikeenan's field and decorative collections, and the emphasis on beautiful, art-style glazes found in the handcrafted Basics line for which they are best known.

"We take a lot of inspiration from natural settings – forests, stone, wood, water. Our goal is always to enrich, but never to overpower, the room or its occupants," says Kristin. "In nature, you can envelope yourself entirely in organic colour, yet feel completely relaxed and nourished. People tell us that's how they feel living with our tile."

The Powers didn't set out to make tile, but shortly after graduation, Kristin received a surprise commission. A local restaurant owner wanted something unique and gave the young artist free reign to design and produce two mosaic tile floors. Kristin had never made tiles, which presented challenges different from other ceramic forms, but she was undaunted. As Stephen recalls, she looked at him and said, "I want to make art. Art that people live with every day, art that changes their perception of nature."
"The next day," he says, "we began pounding clay out on the floor of her apartment and carving shapes. We had neither a car, a studio, nor any money; we simply had a desire to create an unusual and intriguing space."

La société fut fondée en 1990 par Kristin et Stephen Powers, tous deux diplômés de la Rhode Island School of Design, une des universités les plus prestigieuses des USA pour les arts. Le couple s'est rencontré à RISD, Stephen était alors étudiant en art de l'imprimerie alors que Kristin étudiait la céramique. C'est peut être cet unique mélange de visions artistiques qui a donné naissance aux lignes simples et épurées que l'on retrouve dans les collections sol et décorations, ainsi que l'accent mis sur les magnifiques glaçures stylées que l'on retrouve dans la gamme Basics faite main pour laquelle ils sont les plus connus.

« Nous nous inspirons énormément des environnements naturels: forêts, pierre, bois, eau. Notre objectif est de toujours enrichir, mais sans jamais trop en faire, la pièce ou ses occupants. » déclare Kristin. « Dans la nature, vous pouvez vous entourer entièrement de couleur organique tout en vous sentant totalement détendu et revigoré. Les gens nous disent que c'est ce qu'ils ressentent au quotidien avec nos carrelages. »

Les Powers n'avaient pas prévu de concevoir des carrelages, mais peu après avoir décroché son diplôme, Kristin reçut une commande inattendue. Le propriétaire d'un restaurant local désirait quelque chose d'unique et donna à la jeune artiste carte blanche pour concevoir et réaliser deux mosaïques en carrelage pour sol. Kristin n'avait jamais fabriqué de carrelages, ce qui représentait des challenges différents des autres types de céramiques, mais cela ne lui fit pas peur. Stephen se rappelle, elle le regarda et lui annonça : « Je veux faire de l'art. De l'art avec lequel les personnes puissent vivre au jour le jour, de l'art qui change leur perception de la nature. »

« Le jour suivant, nous avons commencé à marteler de l'argile sur le sol de son appartement et à sculpter des formes. Nous n'avions ni voiture, ni studio, ni le moindre argent, nous avions simplement le désir de créer un espace insolite et intrigant. »

Het bedrijf werd opgericht in 1990, door Kristin en Stephen Powers, beiden afgestudeerd aan de Rhode Island School of Design, één van de meest prestigieuze universiteiten van Amerika wat kunst betreft. Het koppel ontmoette elkaar trouwens op de RISD; Stephen studeerde druktechnieken en Kristin keramiek. Het is misschien deze unieke combinatie van artistieke perspectieven die heeft geleid tot de eenvoudige, strakke lijnen die we terugvinden in de effen en decoratieve collecties van Trikeenan, en de nadruk op mooi, kunstzinnig glazuur van de met de hand gemaakte "Basics"-lijn waarvoor ze het best gekend zijn.

"We halen veel inspiratie uit de natuur – bossen, steen, hout, water. Ons doel is altijd de ruimte of de bewoners ervan te verrijken, maar nooit te overladen", zegt Kristin. "In de natuur kan je jezelf volledig omhullen met organische kleuren, terwijl je je volledig relaxed en gevoed voelt. Mensen vertellen ons dat ze zich zo voelen wanneer ze met onze tegels leven."

De Powers waren niet van plan om tegels te gaan maken, maar kort nadat ze afstudeerden, kreeg Kristin een verrassende opdracht. Een plaatselijke restauranteigenaar wilde iets unieks en gaf de jonge kunstenares carte blanche om twee mozaïekvloeren te ontwerpen en te maken. Kristin had nooit eerder tegels gemaakt, wat toch uitdagingen inhoudt die verschillen van andere keramiekvormen, maar ze liet zich niet ontmoedigen. Stephen herinnert zich dat ze naar hem keek en zei, "Ik wil kunst maken. Kunst waarmee mensen elke dag leven, kunst die hun visie op de natuur verandert."
"De volgende dag", zegt hij, "begonnen we klei uit te spreiden op de vloer van haar appartement en vorm te geven. We hadden geen auto, geen atelier en geen geld; we wilden gewoon een aparte en intrigerende ruimte creëren."

KEENAN AND TRINA

They also had a battered moped, and it was on this that they carefully ferried the cut clay pieces across town in a beer crate to be fired in a friend's kiln. They reloaded the moped to deliver the finished tiles, and installed the floors themselves. It was then the couple realized that they were hooked.

Kristin and Stephen married, moved to rural New Hampshire and had the first two of their three children: Keenan and Trina. They bought an old kiln for $50 and began making tile in their barn.

The tiles were intended only for their own home, but the exquisite designs and original colours quickly attracted admirers, and Kristin and Stephen suddenly found themselves on the "Who's Who" list of American tile artisans. Trikeenan Tileworks, named for their first two children, was born.

Trikeenan became known for its clean, simple field and decorative tile designs, and its wide array of ranging, art-style glazes that make each installation so vibrant and alive. These are the company's Basics glazes, and they are offered in 47 colours and sizes from 1x1" (2.5cm) mosaic up to the 1.5 x 10" (3.8 x 25.4 cm) "Big Skinny Brick," or BSB. Decorative lines, trim, and new shapes were added as the company grew.

KEENAN ET TRINA

Ils avaient également un cyclomoteur en piteux état, et c'est avec cela qu'ils ont transporté avec soin les pièces découpées dans l'argile à travers la ville dans un carton à bières pour les enfourner dans le four d'un ami. Ils rechargèrent le cyclomoteur pour livrer les carrelages terminés et les installèrent eux-mêmes. Ce fut alors que le couple réalisa qu'ils étaient devenus fanatiques.

Kristin et Stephen se marièrent, déménagèrent dans le New Hampshire rural et eurent les deux premiers de leurs trois enfants. Keenan et Trina. Ils achetèrent un vieux four pour 50 dollars et commencèrent à fabriquer des carrelages dans leur hangar.

Les carrelages étaient seulement destinés pour leur propre maison, mais les designs exquis et les couleurs originales attirèrent rapidement des admirateurs, et Kristin et Stephen se retrouvèrent sur le « Who's Who » des artisans de carreaux américains. Trikeenan Tileworks, nom emprunté à leurs deux premiers enfants, était né.

Trikeenan devint connu pour ses designs de carreaux épurés, simples et décoratifs, ainsi que sa large gamme d'alignements de glaçures de style artistique qui rendent chaque installation si vibrante et vivante. Ce sont les glaçures Basics de la société, et elles sont disponibles en 47 couleurs et en mosaïques de taille de 1 x 1 pouces (2.5cm) jusqu'au 'Big Skinny Brick' 1.5 x 10 pouces (3.8 x 25.4 cm), également appelé BSB. Des lignes décoratives, des frises et de nouvelles formes furent ajoutées au fur et à mesure de l'expansion de la société.

KEENAN EN TRINA

Ze hadden wel een versleten bromfiets en het was daarmee dat ze de uitgesneden stukken klei voorzichtig in een bierkrat naar de andere kant van de stad reden om af te bakken in de oven van een vriend. Ze laadden de bromfiets opnieuw om de afgewerkte tegels te leveren en plaatsten de vloer zelf. Het was toen dat het koppel besefte dat ze verslaafd waren.

Kristin en Stephen trouwden, verhuisden naar het landelijke New Hampshire en kregen de eerste twee van hun drie kinderen: Keenan en Trina. Ze kochten een oude pottenbakkersoven voor 50 $ en begonnen tegels te maken in hun schuur.

De tegels waren enkel bedoeld voor hun eigen huis, maar het verfijnde ontwerp en de originele kleuren kregen al snel bewonderaars en Kristin en Stephen stonden plots op de "Wie is Wie" lijst van de Amerikaanse ambachtelijke tegelfabrikanten. Trikeenan Tileworks genoemd, naar hun eerste twee kinderen, was geboren.

Trikeenan raakte bekend om zijn strakke, eenvoudige effen en decoratieve tegelontwerpen, en zijn uitgebreid gamma kunstzinnige glazuren die elke installatie zo helder en levendig maken. Dit zijn de "Basics"-glazuren van het bedrijf, die worden aangeboden in 47 kleuren en afmetingen van 1 x 1" (2,5 cm) mozaieksteentjes tot de "Big Skinny Brick" of BSB van 1,5 x 10" (3.8 x 25.4 cm). Decoratieve lijnen, versiersels en nieuwe vormen werden toegevoegd naarmate het bedrijf groeide.

THE TRANQUILLITY OF A FOREST

Trikeenan's evolution was also a family affair. The Powers' third child, Siena, was born in 1995 and Kristin recalls loading and unloading kilns, designing tile, and negotiating the concerns of a growing business, nearly always with a baby sling on her back.

In fact, Siena's first steps were taken not toward either of her parents, but to well known tile designer Ann Sacks. "We were developing a proprietary line for Ann Sacks, and she was visiting at the time," Kristin explains. "Suddenly, in the middle of a meeting, Stephen cried out, 'There she goes!' Siena was walking for the first time, and she made a beeline right to Ann. She always did have good taste."
Demand for the "Trikeenan look" led to sales, and soon the company outgrew the barn, moved to a converted mill building and opened a store. The Trikeenan store has been compared more to an art gallery than a tile showroom, and designers come from far away to see it and work directly with Kristin and Stephen on important projects. Everywhere, the colour is rich and expansive. It envelops you, and yet is incredibly calming, a bit like sitting quietly in the middle of a verdant forest.

LE CALME DE LA FORÊT

La progression de Trikeenan a également été une affaire familiale. Le troisième enfant des Powers, Siena, arriva en 1995 et Kristin se rappelle avoir chargé et déchargé des fours, conçu des carreaux et géré les problèmes d'une entreprise en pleine expansion, tout en ayant constamment un porte-bébé sur le dos.

En fait, Siena ne fit pas ses premiers pas vers l'un de ses parents mais vers le concepteur renommé Ann Sacks. « Nous étions en train de concevoir une gamme personnelle pour Ann Sacks et elle nous rendait visite tout le temps » explique Kristin. « Tout à coup, au milieu d'une réunion, Stephen s'est exclamé: « La voila lancée ! » Siena marchait pour la première fois et elle se dirigea tout droit vers Ann. Elle a toujours eu du goût. »
La demande pour le « style Trikeenan » attira les acheteurs, et très rapidement, la société dépassa l'étendue du hangar pour passer à une minoterie reconvertie et ouvrit un magasin. Le magasin Trikeenan a été plus comparé à une galerie d'art qu'à un magasin d'exposition de carreaux, et les décorateurs viennent de loin pour le voir et travailler directement avec Kristin et Stephen pour des projets importants. La couleur est partout, riche et débordante. Elle vous enveloppe, et pourtant est incroyablement calme, un peu comme lorsqu'on est assis au milieu d'une forêt verdoyante.

DE RUST VAN EEN WOUD

De evolutie van Trikeenan was ook een familieaangelegenheid. Het derde kind van de Powers, Siena, werd geboren in 1995 en Kristin herinnert zich dat ze bijna altijd ovens uitlaadde, tegels ontwierp en onderhandelde over de bekommernissen van een groeiend bedrijf, met een baby in een draagdoek op haar rug.

De eerste stapjes die Siena zette, waren niet naar haar ouders, maar wel naar de bekende tegelontwerpster Ann Sacks. "We waren bezig met het ontwerpen van een exclusieve lijn voor Ann Sacks en zij was toen op bezoek", legt Kristin uit. "Plots, in het midden van een vergadering, riep Stephen, 'Daar gaat ze!' Siena liep voor het eerst en ging recht naar Ann. Ze had altijd al goede smaak."
De vraag naar de "Trikeenan look" genereerde verkoop en het bedrijf werd al snel te groot voor de schuur, verhuisde naar een omgebouwde maalderij en opende een winkel. De Trikeenan-winkel werd meer vergeleken met een kunstgalerij dan met een toonzaal voor tegels. Ontwerpers komen van heinde en verre kijken en werken rechtstreeks samen met Kristin en Stephen aan belangrijke projecten. Overal is kleur rijk en weelderig aanwezig. Ze omhult en is toch ongelooflijk rustgevend, een beetje zoals rustig zitten in het midden van een groen woud.

At the NH factory today, over 25 tile artisans press, cut, dry, glaze and fire each tile by hand. Distinctive product lines like the Glass Windows Collection, a unique combination of 100% recycled glass and ceramic take time and great skill to make. An artisan uses snips to cut chunks of recycled glass, sets each piece of glass by hand, then gently places the tile in the kiln. During firing, the glass melts and fuses to the ceramic, creating a smooth, crackled face that refracts and carries light in extraordinary ways. The entire collection is modular and customizable, so different tiles can be combined to create striking patterns.

De nos jours, plus de 25 artisans de carreaux pressent, coupent, sèchent, vernissent et enfournent chaque carreau à la main dans l'usine du New Hampshire. Les gammes de produit distinctes comme la collection Glass Windows, une combinaison unique de verre 100% recyclé et de céramique, nécessitent beaucoup de temps et des talents exceptionnels pour être fabriquées. Un artisan utilise des pinces coupantes pour couper les morceaux de verre à la main, puis place délicatement les carreaux dans le four. Lors de la cuisson, le verre fond et se mélange à la céramique, créant une surface fine et craquelée qui réfracte et transporte la lumière de manière extraordinaire. La collection entière est modulaire et personnalisable, de manière à pouvoir combiner différents carreaux pour créer des motifs saisissants.

In de fabriek in New Hampshire werken vandaag meer dan 25 ambachtslieden die elke tegel met de hand persen, snijden, drogen, glazuren en afbakken. Specifieke productlijnen zoals de "Glass Windows"-collectie, een unieke combinatie van 100 % gerecycleerd glas en keramiek, vergen tijd en een grote vaardigheid om ze te maken. Een ambachtsman gebruikt een knipschaar om stukjes gerecycleerd glas te snijden, positioneert elk stukje glas met de hand en zet de tegel dan voorzichtig in de oven. Tijdens het bakken versmelt het glas met de keramiek, zodat een vlak, craquelé oppervlak ontstaat dat het licht op een aparte manier breekt en doorlaat. De volledige collectie is modulair en kan worden gepersonaliseerd, zodat verschillende tegels gecombineerd kunnen worden tot opvallende patronen.

Devoted to objective

A second factory in NY produces Modulus, a mid-priced line with its own palette of 50 non-ranging glaze colours. Part of that collection was developed specifically to complement some of the most commonly used natural stones. For Trikeenan, it is never about following trends but, rather, finding new ways for people to express through tile.

This constant innovation, extraordinarily beautiful products and a commitment to the environment and social responsibility have earned Trikeenan the industry's highest accolades and its regular appearance in leading design magazines and programs.

Trikeenan's 97 glazes offer people new, fresh choices in tile, as do their wide range of field, decorative, and tile trim offerings. Their website is widely used as a design resource, demonstrating the many ways in which tile can add to the beauty and durability of commercial and residential design.

The company has changed and grown, but one thing has not. Through the entirety of their journey, from the back of a moped in Rhode Island to international acclaim, the Powers have remained true to Trikeenan's original goal: to make tile that facilitates beautiful, experiential spaces in which people can live, travel, and work.

Fidèle à l'objectif

Une deuxième usine à New York produit Modulus, un produit de milieu de gamme avec sa propre palette de 50 couleurs de glaçures différentes. Une partie de cette collection a été développée de façon spécifique pour s'associer avec quelques-unes des pierres naturelles les plus utilisées. Pour Trikeenan, le but n'est jamais de suivre les tendances, mais plutôt trouver de nouvelles manières pour que les personnes puissent s'exprimer au moyen des carreaux.

Cette innovation continue, ces produits extraordinairement beaux et un engagement envers l'environnement ainsi qu'une responsabilité sociale ont permis à Trikeenan de recevoir les honneurs les plus prestigieux de l'industrie et lui ont permis d'apparaître dans les magasins et programmes de décoration les plus connus.

Les glaçures 97 de Trikeenan offrent aux clients de nouveaux choix rafraîchissants de carreaux, de fresques, de décorations et de frises. Leur site Internet (www.trikeenan.com) est largement utilisé comme source de décoration, montrant comment les carreaux peuvent apporter la beauté et la longévité aux designs commerciaux et résidentiels.

La société s'est transformée et s'est agrandie, mais une chose n'a pas changé. Tout au long de leur périple, depuis l'arrière d'une motocyclette dans le Rhode Island jusqu'à la reconnaissance internationale, les Powers sont restés fidèles à l'objectif initial de Trikeenan: fabriquer des carreaux qui permettent d'obtenir de beaux espaces dans lesquels les personnes peuvent vivre, voyager et travailler.

Trouw Aan doelstelling

Een tweede fabriek in New York produceert "Modulus", een gemiddeld geprijsde lijn in een eigen palet van 50 vaste glazuurkleuren. Een deel van die collectie werd speciaal ontwikkeld om te combineren met de meest gebruikte natuurstenen. Bij Trikeenan gaat het nooit om het volgen van trends, maar om het vinden van nieuwe manieren voor mensen om zich uit te drukken met tegels.

Deze permanente innovatie, buitengewoon mooie producten, inzet voor het leefmilieu en maatschappelijk engagement bezorgden Trikeenan de hoogste lof in de industrie, naast een regelmatige verschijning in toonaangevende designmagazines en programma's.

De 97 glazuren van Trikeenan bieden de mensen nieuwe, frisse keuzemogelijkheden in tegels, naast hun uitgebreide gamma effen tegels, decoratieve tegels en boordpatronen. Hun website wordt op grote schaal gebruikt als hulpmiddel bij het ontwerpen, aangezien hier talloze manieren te zien zijn waarop een tegel kan bijdragen tot de schoonheid en duurzaamheid van commercieel en residentieel design.

Het bedrijf is veranderd en gegroeid, maar één ding is hetzelfde gebleven. Tijdens de hele reis, van achterop een bromfiets in Rhode Island tot de internationale doorbraak, zijn de Powers trouw gebleven aan de oorspronkelijke doelstelling van Trikeenan: tegels maken die mooie, ervaringsgerichte ruimtes aankleden waarin mensen kunnen leven, reizen en werken.

CREDITS HANDMADE

Co-writers, experts and advisors:
Jules Marshall
Roupert Muller
Elizabeth Doerr
Ola Lessard
Russ Schleipman
Rick Thronburg
Joep van Drunen
Marcel Frenk
Henk Peters
Elise Glaudemans

Photography:
Floris Leeuwenberg (Shibata, De Bondt, Lorenzini, Santoni, Scabal, Churchill)
Ronald van den Hurk (Silvestris)
Russ Schleipman (Porter Telescope)
Paolo Zambaldi, Tierney Gearon, Wim Daneels, Filip Vanzieleghem (Delvaux)
Sony Pictures (Scabal p.24)
Lanificio Luigi Colombo s.p.a. (Scabal p.26)

All other images are used by courtesy of the respective companies mentioned in the articles.

Design and Layout:
Jennifer Schleber (Splend-ID)

Translations:
Nederlandse vertaling : Marleen Vanherbergen
Traduction Française : Virginie van der Werf
English translation : Lotte Scott